자기계발의 거의 모든 것

디테일이 강해야 산다

자기계발의 거의 모든 것

디테일에 강해야 산다

초판 1쇄 발행 2015년 10월 15일
초판 2쇄 인쇄 2016년 4월 10일

지은이 | 김태홍
펴낸이 | 김태화
펴낸곳 | 파라북스
기획편집 | 전지영
마케팅 | 박경만

등록번호 | 제 313-2004-000003호
등록일자 | 2004년 1월 7일
주소 | 서울특별시 마포구 월드컵북로 6길 93 (연남동) 301호
전화 | 02) 322-5353   팩스 | 02) 334-0748

ISBN 978-89-93212-72-3 (13320)

자기계발의 거의 모든 것

디테일이 강해야 산다

김태홍 (한국리더십연구소 소장) 지음

파라북스

머리말

    인생을 변화시키고 무엇인가를 이루고자 한다면 반드시 실행해야 합니다. 생각만 하고 있다면 아무것도 변화시킬 수 없고 결과물도 있을 수 없습니다. 세상을 이끌고 변화시켜온 것은 뚜렷한 목적의식을 가지고 주위 사람과 공감하면서, 꾸준히 자신을 바꿔온 사람들입니다.

    자신의 삶을 진지하게 살기 위해서는 꼭 챙겨야 할 것이 몇 가지 있습니다. 먼저, 타인과의 관계를 원만하게 만들어주는 대화법을 익혀야 합니다. 대화법의 기본은 자신의 마음을 솔직하게 표현하고 타인의 말을 있는 그대로 받아들이는 것입니다. 그 기본 위에 대화를 통하여 공감하고 소통하며 정확하게 정보를 주고받는 것입니다.

    둘째로, 우리에게 주어진 시간을 철저하게 관리하여야 합니다. 세상이 불공평하다고 주장하더라도, 시간 앞에서는 평등하다는 것을 모두가 인정합니다. 공평하게 주어진 시간을 양적, 질적으로 알뜰하게 사용하는 방법을 알아야 합니다.

    셋째로, 한계가 분명한 우리의 기억력을 뒷받침하는 방법을 알아야 합니다. 우리는 뭔가를 잊거나 혼동하는 경우가 많습니다. 정확하게 기억하는 것을 도와주고 새로운 기획력까지 생기게 하는 메모법을 익혀야 합니다.

대화법이 나와 세계가 공감하는 통로이고, 시간관리와 메모법은 자신을 관리하는 씨줄과 날줄이라면, 이제 남은 것은 스스로의 자존감과 뚜렷한 목적의식을 가지고 실행하는 것입니다. 마지막으로 우리가 익혀야 하는 것은 지금 바로 실행하는 방법입니다. 실행하는 사람만이 자신을 변화시키고 세상을 변화시킬 수 있습니다.

요즘 매스컴에서 가장 많이 언급되는 단어 중에 하나가 '빅데이터'입니다. 빅데이터가 세상을 파악하고 사람과 사회를 이해하는 데, 또 미래를 예측하는 데 강력한 툴을 제공하기 때문입니다. 이것은 디테일한 정보들이 양적으로 축적될 때 어떤 결과를 낳는지 잘 보여줍니다.

이 책은 매우 다양한 방면에서 자기계발을 하고자 하는 사람들에게 꼭 필요한 '디테일한 정보'들을 모은 것입니다. 이런 디테일한 정보들이 양적으로 축적될 때, 우리는 우리 삶을 이해하고 변화시키는 강력한 툴을 갖게 될 것입니다.

부디 이 책이 조화롭고 활기차며 마침내 성공하는 삶에 작은 도움이 되길 바랍니다. 끝으로 소중한 자료를 찾고 정리해준 김희철 씨와 이형렬 군에게 감사의 마음을 전하며, 언제나 지켜 주시는 하나님께 감사드립니다.

차 례

머리말 • 4

Part 1. 대화편

Chapter 1. 대화의 심리와 태도
01. 심리를 알면 대화가 쉬워진다 • 13
02. 대화의 4가지 표현지침 • 17
03. 말 잘하는 사람들의 8가지 공통점 • 22

Chapter 2. 대화의 기술
01. 대화법을 익히기 전에 • 27
02. 소통을 위한 표현방법 • 34
03. 상대방을 이해시키는 방법 • 42
04. 호감을 주는 대화 • 48
05. 속담과 고사성어를 이용하라 • 56

Chapter 3. 상황별 대화법
01. 일상생활에서 만나는 곤란한 상황 • 61
02. 직장생활에서 만나는 곤란한 상황 • 67

Part 2. 시간관리편

Chapter 1. 자신에 맞는 시간활용법
01. 자신의 시간감각을 파악하라 •77
02. 자신에게 맞는 리듬을 찾아라 •79
03. 중요한 일과 급한 일의 조화 •81
04. 시간관리 체크리스트 •83

Chapter 2. 시간을 세분화하여 관리하라
01. 알차게 보내는 하루하루 •87
02. 일주일 단위의 시간관리 •90
03. 한 달 주기의 마감은 필요하다 •95
04. 1년 단위의 목표수립 •97
05. 3년 단위의 목표수립 •99

Chapter 3. 시간활용 기법
01. 아침시간 활용법 •103
02. 출퇴근 시간 활용법 •106
03. 잠자기 전 30분 활용법 •108

Chapter 4. 시간을 늘리는 집중법
01. 집중력을 키우는 5가지 방법 •113

Part 3. 메모편

Chapter 1. 메모의 기본
01. 메모의 기본조건 • 125
02. 메모를 쉽게 하는 방법 • 128

Chapter 2. 메모가 꼭 필요한 사람
01. 메모를 해야 하는 이유 • 135

Chapter 3. 업무효율을 2배 높이는 메모의 기술
01. 평가와 개선의 열쇠 • 141
02. 활용도를 높이는 메모의 기술 • 147
03. 메모의 수명을 늘리는 4단계 • 152

Chapter 4. 실전 메모
01. 대화 · 인터뷰 메모의 기술 • 159
02. 강연 · 연수 · 세미나 메모의 기술 • 162
03. 상담 · 회의 메모의 기술 • 165
04. 최신 정보 메모의 기술 • 169
05. 책 · 잡지 메모의 기술 • 174

Part 4. 실행편

Chapter 1. 실행할 수 있는 목표를 세워라 – 목표수립 8원칙

01. 비전을 가져라 • 181

02. 문제를 초월해 멀리 내다보라 • 184

03. 내 삶의 운전자가 되라 • 186

04. 분명한 방향을 설정하라 • 188

05. 자신에게 기대하라 • 192

06. 동기부여에 의존하지 말고 의지력을 키워라 • 195

07. 감정과 목표를 일치시켜라 • 199

08. 긍정적인 감정을 동원하라 • 202

Chapter 2. 이제는 실행하라

01. 가장 소중한 일에 힘을 집중하라 • 207

02. 옳다고 생각하면 즉시 실행하라 • 210

03. 연습에 연습을 거듭하라 • 214

04. 흔들리지 말고 최선을 다하라 • 217

05. 자신을 믿어라 • 220

06. 30%는 미래를 위해 투자하라 • 223

07. 잠재능력을 계발하라 • 226

08. 작은 실패를 큰 성공으로 만들어라 • 228

09. 강한 의지와 열정을 가져라 • 231

10. 다른 사람과 함께 성공하라 • 234

Chapter 3. 실행하는 사람은 뭔가 다르다

01. 성공하는 습관, 실패하는 습관 • 239

02. 다른 사람과 협력하는 방법을 익힌다 • 242

03. 마음을 열고 진심을 다하라 • 244

04. 독서하는 시간을 아끼지 마라 • 246

05. 자존감을 잃지 마라 • 249

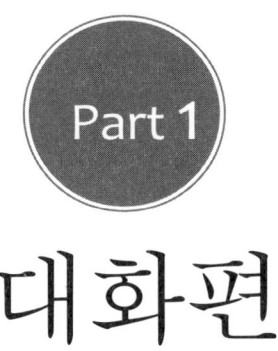

대화편

Chapter 1. 대화의 심리와 태도
01. 심리를 알면 대화가 쉬워진다 | 02. 대화의 4가지 표현지침 | 03. 말 잘하는 사람들의 8가지 공통점

Chapter 2. 대화의 기술
01. 대화법을 익히기 전에 | 02. 소통을 위한 표현방법 | 03. 상대방을 이해시키는 방법 | 04. 호감을 주는 대화 | 05. 속담과 고사성어를 이용하라

Chapter 3. 상황별 대화법
01. 일상생활에서 만나는 곤란한 상황 | 02. 직장생활에서 만나는 곤란한 상황

대화의 심리와 자세

01 심리를 알면 대화가 쉬워진다

우리 일상은 대화의 연속이다. 눈을 뜨는 순간부터 수많은 사고 활동과 더불어 대화를 시작한다. 다른 사람들과의 만남에서는 당연히 대화가 중심이 된다. 혼자 있다고 대화가 멈추는 것은 아니다. 자신과의 내면의 대화를 하고, 휴대전화 문자 메시지나 SNS소셜 네트워크 서비스 등을 통해 다른 사람들과의 대화를 이어간다. 눈을 뜨고 있는 동안에는 매순간 소통한다고 해도 좋을 정도이다.

즐거운 대화는 일상생활에 활력을 불어넣고 긴장을 풀어준다. 하지만 모든 대화가 즐겁고 유쾌하지는 않다. 부탁을 하거나 요청을 거절해야 하는 부담스러운 대화도 있고, 비즈니스 상담과 같은 긴장되고 어려운 대화도 있다. 피할 수 없다면 어떤 유형의 대화든 최선의 대화로 이끄는 것이 중요하다.

어떻게 하면 최선의 대화를 할 수 있을까? 기본 바탕은 대화를 하는 사람의 자세 혹은 태도에 있다. 예를 들어보자. 비록 말은 매우 느리고 어눌하지만, 말하는 사람의 열정과 진지함에 이끌려 훌륭한 대화를 한 경험이 있을 것이다. 이런 대화에 매료되는 이유는 매끄러운 말솜씨나 논리 정연함에 있지 않다. 인간적인 매력이 넘치는 겸손함과 신중함 때문이다. 누구나 익히 알고 있는 "말 한마디에 천 냥 빚을 갚는다"는 속담은 그럴 듯한 언변을 강조하는 말이 아니다. '천 냥 빚'을 갚는 것이 겉만 번지르르한 언변이라면 사기와 다를 바가 없지 않은가. 속담에서 강조하는 '말'은 단순히 말하는 말만을 의미하지 않는다. 그 이면에는 진지하고 솔직함이 배어 있는 태도와 자세가 갖추어져 있어야 한다는 것이다.

이러한 태도와 자세를 기본적인 바탕으로, 원활한 대화를 하기 위해 반드시 알아야 할 것이 있다. 깊이 있게 알고자 한다면 전문적인 도서를 찾아서 읽어야 하겠지만, 여기에서는 그야말로 기본이라고 할 수 있는 몇 가지만 살펴보자. 우선 대화하는 사람의 심리에 대해 알아보고, 대화의 4가지 지침과 대화의 기술을 한 단계 도약시키기 위한 대화법을 소개하겠다.

매순간 대화하면서도 대화에 어려움을 느끼는 사람이 의외로 많다. 대화에 열심히 임하는 데도 어쩐지 원활하지 못한 것은 자신도 모르는 사이에 다양한 심리적 기제들이 활발하게 작용하며 충돌하기 때문이다. 각 개인의 인식 차이와 자기 정체성, 그리고 상대방에 대한 감정의 개입과 의심 등의 심리적 기제들이 자신도 모르게 대화에 영향을 끼치는 것이다.

우리 일상에서 빈번하게 일어나는 소소한 자동차 접촉 사고를 생각해보자. 많은 경우 복잡한 시내에서 일어나는 경미한 접촉사고는 상호간의 협의 하에 보험처리하거나 적절하게 타협하기 마련이다. 하지만 운전자들 사이에 신경전이 오가면서 목소리가 커지는 경우도 더러 있다. 사고에 대한 수

습은 뒷전으로 밀리고 서로 감정이 나빠져해 풀기 어려운 대화가 시작된다. 우선 접촉사고의 책임이 분명하지 않은 경우 '내가 옳고, 너는 틀렸다'라는 전제에서 누구의 잘못인지를 두고 말싸움이 시작된다. 그리고 어느 순간부터는 사고는 뒷전으로 밀리고 말투나 태도를 트집 잡아 필요 없는 감정싸움을 벌이기도 한다.

자동차 사고는 과실여부를 어느 정도 분명하게 판정할 수 있는 근거가 있다. 하지만 일상에서 빈번하게 일어나는 갈등은 일방적으로 한 사람의 잘못이라고 주장하기 어려운 경우가 대부분이다. 왜냐하면 사람들은 똑같은 정보에 대해서도 각각 다른 인식을 하기 때문이다. 그러므로 갈등에서 유발된 대화의 경우에는 잘잘못을 따져 문제를 해결하려는 태도는 아무런 도움이 되지 않는다. 대화 당사자들이 모두 각자 자신의 판단 하에서는 최선의 선택을 하기 때문에, 어느 누구도 일방적인 잘못은 인정하지 않기 때문이다.

만약 상대방이 일방적으로 잘못한 것으로 몰아가면, 대화는 감정적인 문제로 넘어가고 만다. 애초의 문제는 없어지고 '설령 내가 잘못을 했더라도 당신은 나를 그런 식으로 대하면 안 된다'는 식의 감정이 대화를 이끌게 되는 것이다. 그러므로 서로간의 갈등을 해소하기 위해서는 상대방이 말하고자 하는 바를 정확하게 이해하려는 노력이 필요하다.

상대방의 생각이 나와 다르다고 해서 이해할 수 없는 것은 아니다. 잘잘못과 상관없이 있는 그대로의 상대방 생각을 이해하고 인정하면 된다. 서로에 대한 이해와 인정 속에 이루어지는 대화에서 풀리지 않는 갈등은 많지 않다.

우리는 무의식중에 늘 자기 자신이 선하고 능력 있는 사람이라고 생각한다. 이런 생각은 이기심에서 발화되기도 하지만 스스로를 뒷받침하는 정체성에서 나오기도 한다. 이런 생각은 스스로의 행동과 말에 자신감을 주기도 하지만, 이것을 바탕으로 상대방과 대화할 때에는 장애가 되기도 한다. 자신의 잘못을 인정하면 선하고 능력 있는 자신의 모습에 흠결이 가지 않을까 걱정되어, 자신을 보호하려는 심리적 기제가 발동하기 때문이다. 이런 자기 방어적 기제가 움직이기 시작하면, 잘못이나 실수를 인정하지 않는 것에서 그치지 않고 상대방에게 다른 의도가 있는 것은 아닌지 의심하게 된다. 잘잘못을 따지는 과정에서, 문득 '상대방은 무슨 의도로 나에게 이럴까?' 하는 의혹을 가지게 된다는 것이다.

이런 생각이 들기 시작하면 대화는 처음에 제기된 문제에서 점점 더 벌어지고 만다. 상대방의 의도가 무엇인지에 따라서 상대방에 대한 내 생각이 달라지고, 결국에는 대화에 영향을 미치기 때문이다. 그런데 상대방의 의도는 어떻게 알 수 있을까? 사실 상대방이 직접 말하기 전에는 알 수 없다. 결국 그 사람의 말과 행동에서 추정할 수밖에 없는데, 이것은 달리 말하면 상대방의 의도를 내 마음대로 만들어 오해하기 쉽다는 것이다. 대개의 경우 감정싸움은 이런 오해에서 비롯된다.

그러므로 대화를 객관적이고 신뢰감 있게 이끌어가기 위해서는 우선 상대방과 자신이 어떤 방식으로 사실(갈등을 일으킨 문제)을 바라보고 있는지를 살펴보아야 한다. 있는 그대로의 사실을 보고 있는지 혹은 내게 유리한 방식으로 해석하고 있지는 않은지 살펴야 한다. 그리고 자신을 방어하고자 하는 마음을 다스려야 한다. 상대방의 의도에 대한 섣부른 짐작은 피하고, 문제와 직접적인 관련이 있는 사실에만 집중한다. 이것은 대화에 참여하는 모든 사람이 당연히 가져야 할 대화의 기본자세이다.

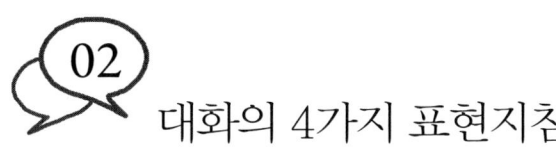

대화의 4가지 표현지침

대화는 주로 말로 이루어지지만 말만 주고받는 것은 아니다. 말로 표현되지 않은 수많은 내용들도 함께 주고받는다. 예컨대 오랜만에 만난 친구에게 '회사는 잘 다니냐'고 물을 때, 단순히 회사를 잘 다니고 있느냐는 의미도 있지만 현재의 회사에 만족하느냐는 의미도 포함된다.

사람들의 의사소통 구조는 단선적이지 않다. 최소한 두 가지 측면이 존재한다. 하나는 말이나 몸짓 등에 명시된 메시지이고, 또 하나는 말의 배후에 있는 비가시적인 메시지이다. 여기에 복잡 미묘하게 개입하는 감정 부분까지 고려한다면, 사람들의 의사소통 구조는 매우 다층적인 구조를 띤다.

그런데 대화가 유난히 부드럽게 이어지지 않는 상대가 가끔 있다. 서로간의 말이 통하지 않고 대화가 잘 되지 않는 것이다. 그렇다고 내가 의도한 비가시적인 메시지까지 세세하게 말한다고 소통이 더 잘 이루어진다고 확신할 수도 없다. 왜냐하면 상대방의 내면에도 나와 마찬가지로 수많은 생각이

지나가고 있기 때문이다.

그러므로 매우 친밀한 관계일지라도 분명한 메시지를 전달할 필요가 있다. 불명확한 의사소통은 오해나 나쁜 감정을 유발하기 쉽다. 게다가 이런 나쁜 경험은 한 번으로 끝나지 않는다. 그 이후에 다시 그 상대와 대화를 할 때에도 영향을 미치며, 나아가 줄곧 마음을 불편하게 만든다. 대화가 스트레스의 원인이 되는 것이다. 따라서 분명한 메시지를 전달함으로써 명확한 의사소통이 이루어지도록 해야 한다.

반대로 명확한 의사소통에 자신이 없을 때에도 대화가 스트레스의 원인이 된다. 이런 경우 대부분의 사람들은 말을 상당한 수준으로 조절한다. 즉 어설픈 말로 오해를 받거나 상대방의 감정을 상하게 할까 두려워, 무의식적으로 방어기제가 작동해 대화의 수위를 조절하는 것이다. 물론 이런 대화로는 상대방과 충분한 교감을 이루는 대화에 도달하지 못한다. 이 또한 완전한 대화와는 거리가 먼 것이다.

그렇다고 진솔하고 명확한 대화가 불가능한 것은 아니다. 대화를 할 때 주의할 몇 가지 지침만 기억하면 된다. 다음의 4가지의 표현지침은 일상대화에 가장 기본적인 지침이다. 이 기본적인 지침만 기억해도 당당한 의사표현이 가능하고, 상대방과의 신뢰관계를 유지할 수 있다.

있는 그대로의 사실을 말하라

거짓을 말하지 않고, 있는 그대로를 말하는 것은 지극히 당연하지만 쉽지만은 않은 일이다. 우리는 순간적인 어려움이나 부담스런 상황을 회피하기 위해 가끔 거짓을 말한다. 그 때문에 곤란한 상황을 맞게 되거나 상대방으로부터 신뢰를 잃게 될지도 모른다는 위험을 감수하면서도 거짓을 말하고 싶은 유혹에 빠진다. 당장의 사소한 부담을 덜려고 미래를 위험으로 내모는 어리석은 선택을 하는 것이다.

있는 사실 그대로만을 이야기하는 습관을 들여야 한다. 습관은 한두 번의 실행으로 이루어지지 않는다. 지속적이고 반복적인 노력이 필요하다. 대부분의 경우, 사실을 말함으로써 당장 처하는 어려움은 짐작하는 것보다 크지 않다. 오히려 이것이야말로 상대방을 자극하지 않으면서 가장 설득력 있는 안전한 대화 방법이다.

적극적이고 솔직하게 반응하라

사람의 뇌는 새로운 상황을 회피하는 경향이 있다. 그래서 우리는 많은 경우 익숙한 대로 반응한다. 대화를 할 때에도 마찬가지다. 거의 자동적이거나 습관적으로 반응하는 경우가 예상외로 많다. 예컨대, 친구가 자기 아이가 처음으로 '엄마, 아빠'를 말했다고 자랑을 한다면, 우리는 그저 '좋겠네' 하거나, '이제 말을 시작한 거야? 많이 크지 않았어?'라고 딴죽을 걸기도 한다. 친구가 어떤 기분으로 그 이야기를 했는지 생각하지 않고 습관적으로 반응하는 것이다. 그러나 이런 소극적인 반응으로는 상대와의 친밀함이나 유대감을 형성할 수 없다. 만약 이런 상황에서 친구의 기쁜 마음을 진심으로 공감하며 적극적으로 표현한다면 상황은 완전히 바뀔 것이다. 예를 들어 '정말 사랑스러웠겠다' 혹은 '어머, 정말? 얼마나 예쁠까!'라고 말한다면 어떨까? 더욱 강한 친밀함이나 유대감을 느끼게 되지 않을까?

좋은 일이든 나쁜 일이든 솔직하고 적극적으로 표현하자. 이것이 서로 감정을 공유하고 돈독한 인간관계를 형성하는 데 기본이 되는 표현지침이다.

자신이 원하는 것을 말하라

일상을 공유하고 서로 보살핌을 주고받는 가족이나 동료라 해도 내가 말하지 않은 것까지 다 알아서 해줄 것이라고 기대해서는 안 된다. 함께 생활하는 사람은 서로 익숙해져 굳이 말하지 않아도 되는 부분이 분명 있지만, 그렇다고 모든 것을 다 알 수는 없다. 만약 도움이 필요하거나 원하는 것이 있으면, 구체적으로 말해야 한다. 물론 말을 한다고 다 들어줄 것이라는 기대는 하지 말아야 한다. 부탁을 들어줄 것인지 말 것인지는 내가 아니라 상대의 상황과 의지에 달린 문제이므로, 내가 관여할 수 없다. 따라서 도움은 구체적으로 말하되 요청하는 수준으로 전달한다. 필요함이 느낄 때 주저하지 않고 구체적으로 요청하는 것은 자신의 존재감을 높일 뿐만 아니라 인간관계를 단단하게 유지시켜 준다.

두려움 없이 다른 의견을 말하라

우리는 다른 사람과의 충돌을 원하지 않는다. 웬만하면 충돌은 피하고 조화로운 상황으로 관계가 유지되기를 바란다. 그러나 우리 삶이 늘 조화로울 수만은 없다. 더욱이 나와는 다른 사람과의 관계에서 조화만을 바라는 것은 무리이다. 다름, 다시 말해 '차이'가 있는 것은 지극히 당연한 일이다. 모든 사람이 똑같은 사회는 사람에게는 어울리지 않는다. 중요한 것은 그 차이를 인정할 줄 아는 것이다.

　다른 사람과 다른 의견이 있을 경우, 불편해질 것에 대한 두려움이나 불안을 떨쳐버리고 자신의 의견을 말하자. 진솔한 말에서 비롯되는 불편함은 오래가지 않는다. 또 상대가 다른 의견을 말해도 인정하자. 충돌을 피하려고만 하는 것보다 서로 다름을 인정해 가는 과정에서 신뢰가 자란다.

말 잘하는 사람들의 8가지 공통점

래리 킹은 《대화의 법칙》 서문에서, "낙하산 없이 비행기에서 뛰어내리겠는가? 아니면 파티에서 생전 처음 보는 사람 곁에 앉아 말을 걸겠는가?"라고 묻는다. 어이없는 질문이라고 생각하는 사람도 있겠지만, 말하는 것을 좋아하지 않는 사람들이 느끼는 어려움이 얼마나 큰지를 잘 보여주는 질문이다. 또 한편으로는 말을 편하고 쉽게 하는 것이 수월치는 않다는 말이기도 하다.

말하지 않고 살 수는 없다. 어떤 식으로든 우리는 다른 사람과 소통하며 살아간다. 대화는 사람과 사람 사이의 가장 기본적인 교감 방법이기도 하다. 그래서 필요충분 조건은 아니지만 말을 잘하면 성공에 더욱 가까워진다고 말하는 사람도 많다. 현실적으로도 말을 잘하는 사람이 성공할 확률이 높다. 하지만 말을 잘 못 하는 사람도 노력 여하에 따라 얼마든지 달변가가 될 수 있다.

래리 킹은 말 잘하는 사람이 되는 방법을 아주 간단하게 정리한다. 기본적으로 솔직하게 이야기하는 것이 중요하다는 것이다. 그리고 몇 가지를 덧붙인다. 우선 상대에게 관심을 보이고, 상대의 이야기에 귀를 기울여야 한다. 대화할 때에는 항상 상대와 눈을 맞추고, 겸손한 태도로 상대에게 의견을 구한다. 모르는 것에 대해서는 말하지 말고 아는 것만 말한다. 그리고 결론이 나지 않을 이야기는 애당초 시작도 하지 않는다.

사실 이런 내용은 지극히 당연하고 단순한 이야기이지만, 우리는 대화할 때 자주 이 사실을 망각하고 어려운 대화에 빠지고 만다. 대화에 능한 사람이 되기 위해 가장 먼저 해야 할 일은 이 당연하고 단순한 원칙을 기억하고 실제로 적용하는 것이다.

래리 킹은 이런 대화의 기본적인 원칙을 익힌 다음에 알아야 할 것으로, 말 잘하는 사람들은 8가지 공통점에 대해 말한다.

먼저, 말을 잘하는 사람은 새로운 시각으로 사물을 바라본다. 대부분의 사람들이 당연한 것으로 받아들이는 것을, 독특한 자신만의 시각으로 재해석하는 힘이 있다는 것이다.

둘째, 나무와 숲을 동시에 바라보는 넓은 시야를 가졌다. 이야기를 할 때 한쪽 측면으로만 치우치는 것이 아니라 전후좌우를 한꺼번에 바라보는 시각과 견문을 갖추었다는 것이다. 특히 여행이나 독서, 주위의 다양한 사람들과의 교류를 통해 견문을 넓힌 사람들이 이러한 특징을 보인다.

셋째, 자신이 하는 일을 좋아하고 열정을 가졌다. 자신의 일에 열정을 다하면 성공할 가능성은 커진다. 그리고 열정적으로 일하는 자세 그대로, 또 그것을 소재로 대화를 풀어가기 때문에 이야기가 재미있다.

넷째, 자기 자신에 대해서만 이야기하려 하지 않고, 상대방의 말을 경청하며 새로운 것을 배우기를 즐겨한다.

다섯째, 상대방의 말에 공감을 잘한다. 사람들은 자신이 한 말에 대해 상대방이 반응하기를 원한다. 당신 역시 마찬가지일 것이다. 따라서 다른 사람의 말에 적절히 반응하면서 공감하는 사람이 대화를 잘하는 것은 당연하다.

여섯째, 말 잘하는 사람은 호기심이 많다. 그래서 대화 도중 궁금한 것이 있으면 늘 질문한다. 질문은 대화가 원활히 진행되는 데 상당히 중요한 요소이다. 결국 호기심 많은 사람이 대화를 이끌어가게 되는 것이다.

일곱 번째, 유머 감각이 풍부하다. 대화 속에서 재치 있는 말로 긴장을 누그러뜨리고 재미를 더하는 사람이 있는데, 그들이 그럴 수 있는 것은 타고난 유머감각 때문만은 아니다. 대부분 오가는 대화에 집중하다가 농담을 할 적절한 때를 놓치지 않는 경우이다. 그들은 대화 속에서 유머가 자연스럽게 나오도록 한다.

여덟 번째, 말을 잘하는 사람은 자신만의 스타일을 가지고 있다. 자신에게 편하고 자연스러운 스타일을 찾아, 자신만의 독특한 스타일로 개발한 것이다.

이 여덟 가지 특징을 고루 갖추는 것은 쉽지 않다. 하지만 하면 할수록 말이 느는 것처럼 이러한 특징도 강화된다. 적극적으로 대화하면서 모범적으로 대화하는 사람들을 쫓아 꾸준히 연습한다면 누구나 달변가가 될 수 있다.

대화의 기술

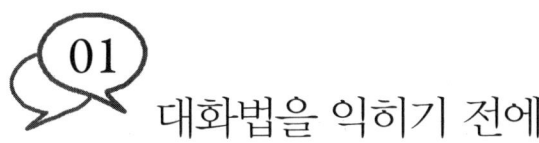

01 대화법을 익히기 전에

지금까지 우리는 원활한 대화를 위한 가장 기본적인 자세에 대해 알아보았다. 이런 기본적인 자세를 지닌다면 훌륭한 대화를 하는 데 필요한 70~80%는 갖춘 셈이다. 이제부터 그 나머지를 채우는 대화의 기술에 대해 알아보자.

말하는 자신의 모습을 영상 이미지로 떠올려보자. 상대방과 대화를 나눌 때 목소리는 차분한가? 아니면 다소 격정적인가? 또 가늘고 여린 목소리인가? 아니면 굵고 강인한 목소리인가?

대화는 대부분 말로 이루어진다. 그러므로 다른 사람의 목소리에 관심을 가지듯 자기 목소리의 특성이나 음정, 음색 그리고 높낮이에 대해 인지하고 있어야 한다. 그리고 대화를 할 때의 시선 처리나 표정, 의식적으로 혹은 무의식적으로 움직이는 몸동작에 대해서도 인식하고 있어야 한다. 특히 대화를 할 때 나쁜 버릇이나 습관은 없는지 꼼꼼하게 살펴보고 교정해야 한다.

자신의 목소리가 얼마나 큰지 모르고 조용히 대화를 해야 하는 곳에서 큰 소리로 말하면 대단히 실례가 된다. 말을 청산유수처럼 잘 한다고 할지라도 음정이 고르지 못하거나, 말을 시작하기 전에 '에~'라고 말하는 나쁜 말버릇 있다든가, 말하는 중에 이상한 행동을 한다면, 상대방은 신경 쓰여 제대로 대화에 집중하지 못하고 어려움을 겪을 수 있다. 이러한 부분들은 대화법을 익히기 전에 반드시 점검해야 한다.

목소리

대화를 나눌 때 내 생각과 말은 목소리라는 옷을 입고 상대에게 전달된다. 외출할 때 차려입은 옷의 깔끔함이 유지되도록 계속 신경 쓰는 것처럼, 자신의 목소리와 말하는 방법에 대해 늘 의식하고 있어야 한다.

상대방과 대화를 나눌 때, 이야기가 논리 정연해야 하듯이 목소리도 어느 정도 일정하게 유지해야 한다. 우리는 상대방의 말을 들을 때 그 내용뿐만 아니라 거기에 담긴 의도까지 읽어내고자 노력한다. 그래서 말하는 사람의 목소리와 제스처, 그리고 표정의 미묘한 변화 등에 민감하게 반응한다. 그런데 자신의 의도와는 관계없이 목소리의 변화가 심하면 듣는 사람은 집중하지 못한다. 달리 말해, 일정하지 않은 목소리는 다른 사람이 내 이야기에 집중하는 데 방해가 된다는 것이다. 그러면 애써 준비한 이야기는 허사가 되고 만다.

평소 자신의 목소리에 귀기울여보자. 그리고 일상생활에서 자연스럽게 이야기할 때의 목소리를 기억하자. 예컨대, 사람을 만나 반갑게 건네는 인사말, "좋은 아침입니다. 안녕하세요?"라고 말할 때의 목소리를 기억하는 것이다. 이때의 목소리는 편안하고 자연스러운 느낌일 것이다. 그 느낌을 기억하고 말하는 연습을 몇 번만 하면 가장 편안한 목소리를 찾을 수 있다. 편안한 목소리는 내가 전하고자 하는 말이 상대에게 편안하고 자연스럽게 전달되도록 해준다.

발음과 발성법

편안한 목소리를 찾고 높낮이와 굵기를 자유롭게 조절하게 되면, 다음은 발음과 발성에 주의를 기울여보자. 발음이 정확하지 않으면 다른 사람이 경청하는 데 방해가 된다. 우리말을 정확하게 발음하는 것은 모음의 발음에 달려 있다. 익히 알다시피 자음은 입의 모양에 근거하는 것이고 모음에 의해 소리가 나기 때문이다.

발음 교정은 학원이나 인터넷 강의 등을 통해서도 배울 수 있지만, 평소 간단하게 따라하는 방법도 있다. 그것은 이미 우리 모두가 알고 있는 방법이다. 중요한 것은 발음 교정을 위해서는 꾸준한 노력이 필요하다는 것이다.

우선 모음의 발음연습을 위해서는 먼저 목을 풀어주는 느낌으로 다섯 모음, '아, 에, 이, 오, 우'를 큰소리로 내며 목을 풀어준다. 이때 입의 크기는 '아' 소리를 기준으로 하고, 얼굴 근육을 사용해 입을 크게 움직이면서 한 자 한 자 또박또박 소리 낸다. 모음 발성연습으로 목이 충분히 풀렸다고 느껴지면, 자음을 넣어 연습한다. '가갸거겨고교구규그기, 나냐너녀노뇨누뉴노니, ……, 하햐허혀호효후휴흐히'로 자모를 한 음 한 음 또박또박 확실하게 읽는 것이다. 이런 방법으로 발음이 교정될까 하는 생각이 들겠지만, 실제로 해보라. 매일 10분 정도씩만 연습해도 드라마틱한 효과를 보게 될 것이다.

발음과 함께 발성에 있어서도 주의할 점이 있다. 예컨대 소음이 많고 탁트인 공간에서 작고 가냘픈 목소리로 이야기한다면, 상대방이 알아듣기 어려울 것이다. 그러므로 자신의 목소리가 평소에 어느 정도로 큰지 작은지, 굵은지 가는지, 높은지 낮은지를 파악하고 있어야 한다.

목소리의 높낮이와 크기, 굵기도 연습을 통해 자유롭게 조절할 수 있다. 예컨대, 4~5미터 떨어진 사람에게 말하듯이 소리를 조금 더 높이거나, 귓속말을 하듯이 낮추어서 말하는 연습을 하는 것이다. 이런 목소리들이 귀에 익숙해지면 자연스럽게 목소리의 높낮이와 크기, 굵기를 조절하게 되고, 그러면 대화를 할 때 상대에게 편안하면서도 지루하지 않은 목소리가 전달된다.

대화가 이루어지는 환경과 대화의 내용에 맞는 발성은 상대방이 이해하기 쉽고 편안하게 듣게 만든다. 예를 들면, 업무적인 내용이나 기술 분야의 설명일 경우에는 낮고 천천히 말하고, 흥겨운 분위기에서의 대화일 경우에는 약간 빠르고 조금 높은 목소리가 적절하다.

표정과 시선

대화할 때에는 표정과 시선도 중요하다. 표정은 말 그대로 얼굴의 분위기이다. '웃는 얼굴에 침 못 뱉는다'고 해서 늘 웃는 표정이 좋은 것은 아니다. 장례식장이나 심각한 분위기의 상황에서 미소 띤 표정은 곤란한 것이다. 이와 반대로 결혼식이나 축하연에서 어두운 표정을 하는 것도 다른 사람들을 불편하게 만든다. 하지만 상황에 맞는 표정 연출이 어색한 사람도 적지 않다. 대부분 습관이 잘못된 경우인데, 예를 들면 긴장하면 웃는다거나 말할 때마다 심각한 표정을 짓는 습관을 가진 경우다. 이런 경우에는 평소 자신의 목소리에 귀 기울이듯이 마음을 잘 살펴야 한다. 마음이 편해지면 표정이 부드러워지고 자연스러워진다. 그러면 상황에 따라 표정을 관리하는 데에도 편해진다.

표정이 대화의 전체적인 분위기를 좌우한다면, 시선은 주로 신뢰감에 큰 작용을 한다. '눈을 보면 그 사람의 마음을 알 수 있다'는 말처럼, 눈은 상대방에게 자신을 보이는 최고의 창문이다. 그러므로 대화를 할 때에는 시선이 상대에게서 벗어나지 않도록 한다.

대화할 때에는 기본적으로 상대방의 얼굴을 주시해야 하지만, 너무 주시해서 상대방을 불편하게 해서는 안 된다. 상대방의 눈을 중심으로 40~50센티미터 안에 시선이 머무르는 것이 적당하다. 즉, 가끔 상대방의 눈을 향하되 보통은 양귀 끝 쪽을 바라보는 정도로 시선처리를 한다. 그리고 상대방이 자료나 메모를 가리키면 그에 따라 시선도 함께 움직이는 것이 자연스럽다. 그리고 상대가 중요하다고 강조하면 강한 시선으로 바라보면서 호응을 해주면 상대방의 호감을 얻을 수 있다.

나쁜 습관

사람들은 말을 하거나 들을 때 좋지 않은 습관 한두 가지는 가지고 있기 마련이다. 대부분의 경우는 그것이 좋지 않은 습관이라는 것을 알면서도 그대로 둔다. 하지만 많은 경우, 습관을 인지하고 고치려 한다면 그다지 어렵지 않게 고칠 수 있다. 잘못 들인 습관을 고치지 않고 포기한다면, 말을 잘할 수 있는 기회는 영원히 놓치게 되는 것이다.

말을 할 때 나쁜 버릇 가운데 대표적인 것은 '에~' 혹은 '음~'과 같은 의미 없는 소리로 말을 시작하는 것이다. 이런 소리는 상대방 귀에 거슬리고 집중력을 떨어뜨린다. 그러면 상대방은 전체적인 이해력이 떨어지고, 말하는 사람에 대해 부정적인 생각을 가지게 된다. 즉, 말하는 사람이 '에~' 혹은 '음~' 등의 의미 없는 소리를 내는 것은 자신감이 부족하거나 지식이 얕아서 부드럽게 설명하지 못하는 것으로 생각하게 된다는 것이다.

또 '정말로'나 '솔직히, 사실은, 기본적으로, 미안하지만, 앞에서도 말했지만' 등의 말을 습관적으로 사용하는 경우도 있다. 평소 거짓말을 많이 하기 때문에 '정말로'라는 단어를 사용하는 것도, 자주 허위로 말하기 때문에 '솔직히'라고 하는 것은 아니다. 그저 별 의미 없이 습관적으로 사용한다. 그리고 상대방과 다른 의견을 말하거나 반박할 때 정말로 미안한 마음도 없으면서 '미안하지만'이라고 하고, 자신의 말에 대해 강조하거나 신뢰감을 높이기 위해 '앞에서 말했지만'이라고 한다.

이런 말들을 습관적으로 사용할 경우, 듣는 사람은 그것이 습관적으로 입에 붙은 말인지 아닌지 금방 알아차린다. 결국 이런 말은 말하는 사람의 품위를 떨어뜨리고, 대화 내용까지 의심스럽게 만든다. 그러므로 이런 단어들이 입 밖으로 나오려 하면 잠시 말을 멈추고 숨을 한껏 쉬면서 호흡을 조절해야 한다.

상대방의 말이 끝나지도 않았는데 끼어들거나 불필요한 참견을 하는 경우나 대화와 관계없는 엉뚱한 이야기를 끄집어내는 경우도 있다. 이런 습관들은 거의 무의식중에 일어나기 때문에 주의를 기울여야 한다. 우선 그러한 습관이 튀어나온 순간을 놓치지 않고 인식해야 한다. 이미 상황은 벌어졌지만, 우리 목표는 습관을 고치는 것이고 습관은 하루아침에 고쳐지지 않으므로, 포기하지 말고 계속해서 스스로를 지켜보자. 일단 스스로 자신의 습관을 인식하고 나면, 그 다음에는 그런 습관이 튀어나오기 전에 알아차리고 막을 수 있게 된다. 그럼 머지않아 나쁜 습관은 사라지고 품위 있는 대화를 나눌 수 있게 되는 것이다.

다른 사람의 말을 들을 때 나타나는 나쁜 버릇도 있다. 예를 들면, 손을 가만히 두지 않고 머리를 긁거나 얼굴을 만지고 볼펜이나 종이를 만지작거리기도 한다. 또 하품을 하거나 턱을 괴고 먼 데를 쳐다보기도 한다. 심지어 말할 때는 그렇지 않다가 상대방의 말을 들을 때에만 다리를 떨기도 한다.

이런 행동들은 습관이 되고 나면 우리의 의지와 상관없이 튀어나온다. 상대방이 열심히 말하고 있는데, 손이 여기저기를 만지고 다리는 쉴 새 없이 떨고 있다면 상대방이 오해하기 십상이다. 자신의 이야기에 흥미가 없어서 딴청을 부리거나, 몸이 청결하지 못해 여기저기를 긁는 것이라고 생각할 수도 있다는 것이다.

이런 경우 역시 가장 먼저 할 일은 내게 그런 습관이 있다는 것을 인식하는 일이다. 인식이 시작되면 멈출 수 있고, 인식하고 멈추는 일이 반복되면 그런 행동이 나오기 전에 막을 수 있게 된다.

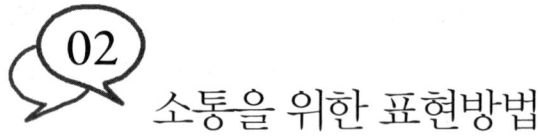

02 소통을 위한 표현방법

요즘 우리 사회에서 가장 많이 회자되는 단어 가운데 하나는 '소통'이 아닐까 싶다. 소통이 원활히 이루어지지 않는 이유는 상대의 말을 듣지 않고 자기 말만 하기 때문이기도 하지만, 대화할 때 자신의 의사를 분명히 표현하지 않기 때문이기도 하다. 예컨대 어떤 사실에 대해 열심히 설명했는데도 상대방이 내가 말한 내용과는 다르게 받아들인 경우도 있고, 서로 의사를 확인했는데도 몇 시간이 지나지 않아 서로 다르게 생각하는 경우도 있다.

소통의 기본은 대화에 있다. 우리가 대화를 하는 목적 역시 의사소통에 있다. 서로의 의사를 상대방에게 전달하고 상대의 의견을 듣는 것이 대화의 기본이다. 그런데 실제로는 여러 가지 심리적 욕구와 대화 기술의 부족으로 명확한 의사 전달에 실패하는 경우가 더러 있다. 그래서 자신의 의사를 분명하게 전달하는 몇 가지 방법에 대해 알아보려 한다.

우선 의사를 분명하게 전달하기 위해서는 말이 간결해야 한다. 글로 쓴다고 생각했을 때, 간결한 문장이 되도록 말하는 것이다. 또 핵심단어나 핵심 문장을 염두에 두고 적절한 시기에 말하면 의사전달이 매끄럽게 진행된다. 접속사를 적절히 사용하는 것도 상대방이 편하게 들을 수 있게 만든다. 애매 모호한 단어를 피하고 시간의 흐름에 따라 설명하는 것도 분명한 의사전달에 도움이 된다. 이제 하나하나 좀 더 자세히 알아보자.

간결함

대화를 할 때 이야기의 앞뒤가 일목요연하지 않고 무슨 내용의 말을 하는지 요점이 분명하지 않은 사람이 상당히 많다. 게다가 대화 내용과는 별 상관없이 자신의 부유함이나 박식함을 자랑하는 이야기를 끼워서 말하는 경우도 많다. 이런 사람들은 대화의 목적을 이룰 수 없다. 자신의 의사를 정확하게 전달하여 상대를 이해시킬 수 없다는 말이다.

또 말이 '~해서, ~하고, ~하면, ~라서' 등등으로 계속해서 이어지는 경우도 있다. 이렇게 말이 늘어지면, 상대방은 그 이야기를 따라가다 전체적인 내용을 놓치게 쉽다. 일반적으로 사람들이 가장 명확하게 인식할 수 있는 문장의 글자 수는 40~50자 정도라고 한다. 그러므로 말하는 가운데 '~입니다, ~합니다' 등의 맺음말을 자주 사용해 문장을 짧게 만들어야 한다. 문장이 너무 길어지면 이해하기도 힘들뿐더러, 말하는 자신도 중요한 내용을 놓치는 수가 있다.

하고 싶은 이야가 많을 때, 주어와 서술어 사이에 너무 많은 구가 들어가는 경우가 있다. 예컨대, 하고 싶은 말의 요지는 '고등학교 시절에는 철학 책을 즐겨 읽었다'라는 것인데, "고등학교 시절에 철학 책을 좋아했는데, 헤르만 헤세의 동양적인 사고를 좋아해 그의 책도 많이 읽고, 불교 관련 서적도 읽었어."라고 장황하게 이야기한다면 상대방은 오히려 이해하기가 어렵다.

일단 하고자 하는 말은 간단하게 말하고, 덧붙여 설명하는 방법을 택하는 것이 상대방에게 더 쉽게 이해된다. 그래서 위의 문장은 "고등학교 시절에는 철학 책을 즐겨 읽었어. 특별히 헤르만 헤세의 책을 좋아했지. 그의 소설에 녹아 있는 동양적인 사고가 좋았거든. 그러다가 차츰 불교 관련 서적도 읽게 되었어." 정도로 바꿔 말하는 것이 상대방이 이해하기 좋다.

핵심단어

일상생활에서 대화법을 향상시키는 가장 좋은 방법은 핵심단어를 집어 내는 능력을 기르는 것이다. 신문 기사와 같이 그다지 길지 않은 글을 읽을 때, 핵심단어를 찾는 습관을 들여 보자. 원고지 20~30매 정도의 기사도 한 단어로 요약할 수 있다.

만약 핵심단어로 함축하는 것이 어렵다면, 한 문장으로 표현해도 좋다. 뉴욕의 유명한 신문사에서는 '한 문장으로 쓰는 기사'로 신문을 만들겠다고 발표했다. 이것이 가능할까 하는 생각이 들지만, 우리는 이미 그런 경우에 익숙하다. 매일 엄청난 양으로 쏟아져 나오는 인터넷 기사의 대부분을 짧은 제목만으로 내용을 파악한다. 또 우리나라 신문사 중에서도 '한줄 기사' 코너를 만들어 운용하는 곳도 있다.

최근에는 '책속의 한 문장'이라는 이름의 홍보 사이트가 인기를 끈다고 한다. 일반적으로 직장인들이 많이 읽는 자기계발서와 같은 책들은, 책의 제목이 전체적인 내용의 키워드 내지 핵심문장이다. 장제목과 대제목, 거기에 중간제목까지 살펴보면 책의 대략적인 내용이 파악된다.

물론 구체적인 내용을 세세히 알기 위해서는 책을 다 읽어야 한다. 또 내용을 다 읽어야 얻을 수 있는 것도 있다. 책을 읽는 동안 저자의 말에 설득되어 새로운 결심을 하게 된다거나 어떤 깨달음을 얻는 것은 그저 핵심내용을 파악한다고 되는 일은 아니다. 그럼에도 핵심내용을 파악하는 일은 중요하다. 전달하고자 하는 바를 분명히 파악하는 일이기 때문이다. 말을 하는 데 핵심단어를 집어내는 능력을 키워야 하는 이유가 여기에 있다.

대화를 할 때에는 유창하고 화려한 화술도 필요하지만, 한마디 말로 시선과 관심을 집중시키는 핵심단어를 찾아내는 능력도 대단히 중요하다. 핵심단어를 중심으로 이야기를 풀어가는 것이 다소 단순하게 느껴질 수도 있지만, 그렇게 하면 전하고자 하는 바를 분명히 전달할 수 있다. 또 말하는 도중에 길을 잃지 않을 뿐만 아니라, 만약 이야기가 혼돈에 빠지더라도 다시 말의 줄기를 찾아 이야기를 풀어갈 수 있다는 장점도 있다.

접속어

앞에서 이미 언급한 것처럼 말은 간결하게 해야 한다. 글로 쓴다면 간결한 문장이 되도록 말하는 것이다. 여기에 접속사를 적절하게 사용하면 문장과 문장 사이의 관계가 분명해지고 말의 논리가 부드럽게 연결된다. 접속어는 문장과 문장을 연결시켜주는 역할을 하는 것이니 당연한 말이다.

일반적으로 '그리고, 그러나, 그래서' 등의 접속사는 많이 사용한다. 이 외에도 '예를 들면, 결론적으로, 이상으로' 등과 같은 말도 접속어로 사용할 수 있다. 적절하게 사용한 접속어는 이야기의 흐름을 잘 이끌고, 문장의 전후관계를 명확하게 연결한다. 따라서 말을 듣는 상대방에게 무슨 이야기가 이어질 것인지 짐작하게 하여 이해하는 데에도 도움을 준다.

때에 따라 피해야 할 접속사도 있다. 앞의 내용과 상반되는 내용이 이어질 때 쓰이는 '하지만, 그렇지만' 등은, 적절히 사용하면 이야기의 전환을 강조하면서 지루하지 않게 만들기도 한다. 하지만 습관적으로 사용하거나 잘못 사용하면 이야기가 늘어지는 느낌을 주고, 긴장감을 떨어뜨려 집중하기 힘들게 만든다. 또 대화의 큰 줄기를 진전시키지는 못하고 큰 차별성이 없는 내용이 되풀이되기 쉽다. 이런 접속사는 중요한 부분에 대한 검토가 끝난 후에 사소한 검토 과정에서 주로 사용하면 좋은 접속사이다.

또 '특히, 중요한 것은~' 같은 접속어도 주의해야 한다. 사실 특별한 것이 없고 별로 중요한 내용이 없는 경우에도 상당히 많이 사용된다. 이런 말이 나오면 상대방은 무엇인가 대단히 특별하고 중요한 사실이 나올 것으로 기대하게 되는데, 뒤이어 나오는 이야기가 평범한 사실일 뿐이라면 맥이 빠지게 마련이다.

말의 순서

일상적인 인사말이나 날씨와 관계된 안부 말 등은 예외이긴 하지만, 일반적으로 말하는 데에도 순서가 있다. 사람의 의식은 시간 순에 따라 사고하는 경향이 있다. 그러므로 시간 순에 준해서 이야기하면 이해하기 쉬울 뿐만 아니라 이야기가 좀 더 객관적인 것으로 전달된다.

또 이야기의 줄거리와 목적에 따라 핵심내용을 잘 배치해야 한다. 너무 세세한 부분까지 언급하면 전체적인 줄거리를 놓칠 가능성이 많고, 너무 큰 줄기만 이야기하면 내용이 부실해질 가능성이 많다. 설명하는 목적을 염두에 두고 이야기 흐름에 맞게 핵심적인 사항들을 배치하여 전체적으로 조화롭게 구성한다.

비즈니스 관계에서의 대화에서는 시간 순보다는 상대방의 이해를 정확하게 하는 데 초점을 두어야 한다. 그래서 먼저 상대방에게 대화할 내용의 전체적인 윤곽을 알려주는 것이 좋다. 전체적인 상황과 개요를 먼저 설명하면 상대방은 대화에 참여할 준비를 갖추게 된다. 당신이 말하고자 하는 사실에 대해 상대방의 정보량이나 인지하고 있는 정도가 당신과 현저하게 차이가 나는 상황이라면 대화가 원활하게 이루어질 수 없다. 대화의 수준을 맞추고 상대방이 마음의 준비를 갖추게 하기 위해서는 전체적인 개요를 먼저 전달하는 것이 필요하다.

전체적인 윤곽을 이야기한 다음에는, 상대방이 알아야 할 중요한 사항들을 요약해 이야기한다. 즉 이야기에서의 쟁점이나 토론해야 할 부분을 명확히 알려주는 것이다. 그리고 마지막으로 결론을 말하는 순서로 전하면 매우 부드러운 진행이 된다.

이처럼 비즈니스 대화에서는 윤곽 → 쟁점 → 결론 순으로 이야기가 이어지면 대화가 부드럽게 진행된다. 중요한 비즈니스 상담에서 우왕좌왕하지 않고 원활한 대화를 하기 위해, 이야기의 순서를 미리 정하고 그에 맞추어 내용을 정리하는 습관을 들이자.

애매한 표현과 불확실한 사실

분명하지 않은 의사 전달은 스트레스를 유발한다. 내가 한 말이 정확하게 전달되지 않을 때에도 그렇지만, 상대방이 애매한 요구를 할 때나 확실하지 않은 사실로 판단에 혼란을 줄 때 상당한 스트레스를 받는다.

예컨대, 상대방이 당신에게 비즈니스에 관계되는 자료를 요청하면서 구체적인 기한을 정하지 않고 그저 '가능한 한 빨리 보내주세요'라고 말했다고 하자. 당신은 그 자료의 작성 여부와 별개로 '가능한 한 빨리'가 언제를 말하는지, 언제 보내는 것이 적절한지 알 수 없어 스트레스를 받게 된다.

나아가 지시하는 바가 애매모호한 단어는 오해와 갈등을 유발할 수도 있으므로 사용을 피하는 것이 좋다. 예를 들면, 감각에 의존하는 단어들로 '거의, 훨씬, 많이, 충분히, 적당히' 등이다. 이렇게 애매모호한 단어는 대부분 사람들을 혼란에 빠뜨린다.

특히 논리적인 지성이 발달한 사람은 애매하거나 불확실한 것을 극도로 싫어한다. 대화 중에 그런 이야기가 나오면 금방 알아챈다. 그리고 그렇게 인지한 것은 쉽게 잊히지 않는다. 섣부른 예측이나 불확실한 사실은 애당초 입에서 꺼내지 말고, 의미가 불분명하거나 경계가 불명확한 단어는 사용하는 데 신중해야 한다. 애매하거나 불확실한 표현은 말의 신뢰는 물론 말하는 사람의 신뢰도 손상시킨다.

대화 시간

시간을 정해놓는 것은 여러 모로 유용하다. 시간관리의 측면에서도 그렇고, 주어진 시간 내에 일을 끝내는 마감효과의 측면에서도 그렇다. 특히 비즈니스 관련 대화에서는 시간을 정해놓는 것이 업무의 효율성 면에서 중요하다. 예를 들어, 회의나 상담을 시작하기 전에 마칠 시간을 정해놓는 것이다. 제한 시간이 없을 경우에는 중간에 딴 이야기로 흘러간다거나, 같은 이야기를 계속해서 반복하는 경우가 더러 발생한다. 하지만 시간을 정해놓고 시작한다면 각자의 의견을 간략하게 정리해서 설명하게 된다. 그리고 상대방의 발언에 좀 더 집중하여 귀 기울이게 된다.

만약 비즈니스 상담을 할 때, 3분이라는 짧은 시간이 당신에게 주어진다면 어떻게 하겠는가? 그럴 경우 당신은 바이어에게 제품이나 서비스에 대한 설명만큼이나 제한된 시간을 지키려는 노력을 해야 한다. 그럴 때 시계를 보면서 자꾸 시간을 확인하는 것은 상대가 대화에 집중하는 데 방해된다. 이럴 때에는 시간에 대한 감각을 미리 익혀두는 것이 도움이 된다.

시간감각을 익히는 가장 좋은 방법은 30초 또는 1분 단위의 시간을 감각으로 익히는 것이다. 평상시 자신이 말하는 속도보다 1.5배 느리게 책을 읽으면서 30초 내지 1분을 체크한다. 그리고 책을 읽는 속도가 일정해졌을 때, 그 속도감을 느끼며 2배 내지 3배로 적용하면 자신이 원하는 시간 감각을 얻을 수가 있다.

철저한 시간관리는 신뢰감과 직결되는 부분이기에 각별한 노력이 필요하다. 유능한 비즈니스맨은 깔끔한 말솜씨나 옷차림뿐만 아니라 정확한 시간관리에서 더욱 빛이 난다.

03 상대방을 이해시키는 방법

의사를 정확하고 분명하게 전달하는 것이 중요하다는 것은 이미 앞에서 설명했다. 그런데 분명하게 전달하려고 노력하였지만 상대방이 제대로 이해하였는가는 또 다른 문제이다. 다른 사람에게 새로운 사실을 알려주는 것은 쉬운 일이 아니다. 똑같은 정보에 대해서도 사람마다 다르게 인식하는 경우는 드물지 않다. 사람마다 살아온 환경과 교육을 받은 내용이 다르고, 또 그 정보에 자신의 입장을 반영하기 때문이다.

여기에서는 간결한 문장과 핵심단어로 설명하고 시간 순에 따라 충분히 의사를 표현했음에도, 상대방이 잘 이해하지 못하는 경우에 어떻게 대처해야 하는지 알아보자. 또 상대가 부정적인 이미지를 가진 고객이거나 고의로 당신의 말을 피하려고 할 때의 대처법에 대해서도 알아보자. 이런 경우 특별한 노력과 기술이 필요하다.

근거를 제시하라

의사를 분명하게 전달했음에도, 상대방이 이해하지 못하거나 동조하지 못하는 경우가 종종 있을 것이다. 이때 상대방을 가장 확실하게 설득하는 방법은 정확한 근거를 제시하는 것이다.

일상적인 대화는 물론 비즈니스 대화에까지 폭넓게 사용할 수 있는 근거 자료로는, 정부의 통계 자료나 신문, 방송 등의 매스미디어의 보도 자료, 각 분야의 권위 있는 전문가들이 작성한 연구보고서 등이 있다. 이러한 자료는 객관성이 어느 정도 확보되어 있기에 쌍방 모두가 인정할 수 있는 것이다.

또 체험을 통해 알게 된 사실도 상대를 설득하는 데 좋은 재료가 된다. 개인적인 체험이므로 객관적인 자료는 될 수 없지만, 상대방이 이해하는 데 도움을 주고 공감을 이끌어낼 수 있다. 예컨대 물을 많이 마시는 것이 좋다는 내용의 말을 할 때, 이렇게 자신의 경험을 덧붙이는 것이다. "저는 아침에 일어나면 가장 먼저 생수를 세 잔을 마십니다. 피부미용에도 좋고 피로도 풀어 줄 뿐 아니라, 무엇보다 변비에 이보다 좋은 방법은 없더라고요." 비록 자신만의 경험이지만 오랜 생활 속에서 형성되었고 스스로 체험한 것이므로 유용한 근거가 된다. 또 상대방과의 친밀감을 높이는 유용한 정보가 되기도 한다. 평소 다양한 활동이나 독서 등을 통해 직·간접 체험을 많이 하는 것은 대화를 풍부하게 만드는 데에도 도움이 되지만, 상대를 설득하는 근거를 마련하거나 친밀감을 높이는 데에도 유용하다.

여기에서도 조심해야 할 것은 있다. 애매한 근거를 제시하면서 '이건 상식이다, ~인 것이 틀림없다'고 말하는 사람들을 종종 보게 되는데, 이런 사람은 권위적이고 자기주장이 강한 사람일 가능성이 많다. 달리 말하면 대화

중에 이런 말을 사용하는 것은 바람직하지 않다는 것이다. 만약 상대가 이런 어법을 구사한다면 정확한 근거가 있는지 되물어보아야 한다. 상대방이 정확한 근거를 제시하지 못한다면 판단하지 않은 채 그대로 두는 것이 좋다. 계속해서 몰아붙이면 그 사람과 불편한 관계가 될 것이기 때문이다.

설명은 그림을 그리듯이 자세하게

사람들은 어떤 이야기에 흥미를 느낄까? 일반적으로 평소 관심을 가진 분야에 대한 이야기나 새롭고 신선한 이야기, 또 스케일이 큰 이야기에도 흥미를 느낀다. 하지만 뻔히 다 아는 이야기인데도 말하는 사람에 따라 재미있어 하고 귀를 기울인다. 이유가 무얼까? 말을 재미있게 하는 사람들의 공통점은 이야기의 내용이 눈에 보일 듯이 상세하게 묘사한다는 것이다. 마치 그림을 보여주는 것처럼 실감나고 자세한 묘사는 내용과 상관없이 이야기를 재미있게 만드는 힘이 있다.

예컨대, 한 번도 가보지 않은 여행지에 간다면 그곳에 가는 차량수단과 방문할 곳, 숙박 장소와 식당 등에 대해 자세하게 조사할 것이다. 대화 중에 이런 이야기를 한다면, 그 과정을 상대방이 직접 하는 것처럼 자세하게 설명한다. 그러면 상대방도 그곳에서의 즐거운 여행을 상상하게 된다. 다른 예로 맛있는 요리에 대해 이야기를 한다면, 눈앞에서 요리사가 신선한 재료로 요리하는 모습을 보는 것처럼 묘사하고, 완성된 요리의 모습과 냄새, 식감까지도 자세하게 표현한다.

이렇듯 상대방에게 어떤 것을 설명할 때에는 눈앞에 있는 것처럼 이미지가 그려지도록 자세하게 설명해야 한다. 역으로 얼마나 자세하게 설명할 수 있는가는 그 사람이 설명하고자 하는 것에 대해 얼마나 자세히 알고 있는지도 보여준다.

적절한 비유와 사례

인문학을 전공한 사람에게 자연과학적 지식을 설명하는 것이 어렵듯이, 자연과학을 전공한 사람에게 인문학의 새로운 조류나 이론 등을 이해시키는 것은 쉽지 않다. 상대방에게 익숙하지 않는 분야의 이해하기 어려운 내용이나 지루하고 딱딱한 이야기를 할 때에는 비유나 사례를 들어 설명하는 것이 현명한다. 내용을 쉽게 만들고 대화의 분위기도 부드럽게 이끄는 방법이다.

우리는 무언가에 대해 이야기할 때 그와 관련된 사실들을 죽 늘어 놓는 사람을 말 잘하는 사람이라고 여기지 않는다. 그 사실들이 하나하나 중요한 의미를 지니는 것이라 해도 얼마 지나지 않아 지루함을 느끼고 여간해서는 집중력을 유지하기 어렵다. 그리고 결국에는 그 사람의 이야기가 귀에 들어오지도 않게 된다. 상대방의 흥미와 관심을 유지하기 위해서는 사실만을 나열하는 것보다 이미지를 떠올리게 만드는 비유나 사례를 드는 것이 유용한다. 예를 들어, '3제곱킬로미터'의 넓이에 대해 이야기한다고 할 때, 그저 3제곱킬로미터라고 하면 그 넓이를 짐작하기 어렵지만 여의도만한 넓이라고 하면 금방 짐작이 된다. 여의도의 실제 넓이는 2.9제곱킬로미터이다.

또 어려운 내용을 이야기할 때에는 그에 맞는 사례를 미리 준비하는 것이 현명하다. 그것이 어려운 내용이라는 것도 알고 상대방에게 이해시키는 것이 어렵다는 것도 알면서 무작정 설명하는 것은 어리석은 일이다. 이럴 때에는 이해를 돕는 적절한 사례를 준비하는 것이 매너 있는 행동이다.

재미있는 설교나 강의로 유명한 목사나 교수들 중에는 언제든 사용할 수 있는 사례집을 만들어두는 경우가 많다. 그들은 설교나 강의 중에 예로 들만한 이야기를 만나면 기록을 해둔다. 그런 준비가 그들을 유명하게 만드는 것이다.

오감의 작동

우리는 매순간 수많은 정보를 얻는다. 그것을 의식하고 의미 있는 정보로 처리를 하든 그저 흘려버리든 상관없이 정보는 늘 우리에게 보이고 들리고 느껴진다. 사실 우리가 정보를 얻는 통로에는 시각과 청각 이외에도 후각, 미각, 촉감 등 오감이 모두 포함된다. 오감을 충분히 사용하면 좀 더 풍부한 정보가 완성된다. 그런데도 우리는 보통 나머지 3가지 감각인 후각, 미각, 촉각은 잘 활용하지 못한다.

대화를 할 때도 마찬가지다. 대부분의 경우 시각과 청각에만 의존해 대화를 이끌어가고, 나머지 3가지 감각인 후각, 미각, 촉각은 거의 활용하지 못한다. 정보를 받아들일 때처럼 대화할 때에도 오감을 모두 사용하면, 대화의 내용은 더욱 풍부해지고 상대방에게 강한 인상을 남길 수 있다.

후각을 자극하는 예를 든다면, 소파를 소개할 때 "이 소파는 앉으면 은은하게 퍼지는 가죽 향이 안락함을 더해 줍니다."라고 표현할 수 있다. 또 미각의 경우에는, "이 냉장고는 채소의 싱싱한 상태를 오래 유지시켜 아삭한 식감까지 살려주고, 고기를 숙성시키는 기능은 고기를 부드럽게 만들고 풍미를 더해줍니다."라고 소개할 수 있다.

시각과 청각만이 아니라 오감을 적절하게 활용하면 이야기는 더욱 풍부해지고, 상대방이 더욱 선명하게 이해하는 데 도움을 준다.

질문을 유도하라

대화의 목적은 상대방의 의도를 아는 것과 동시에 상대에게 전달하고자 하는 내용을 이해시키는 것이다. 상대방의 의도를 정확하게 알기 위해서는, 상대방이 말하는 것의 핵심이 무엇인지 지속적으로 생각하면서 많은 질문을 하여 상대가 더 자세하게 설명하도록 한다.

이것은 반대로 상대방이 귀를 기울이도록 하는 요령을 말해준다. 즉 당신이 상대방의 말에 귀 기울였을 때 한 행동을 상대방이 하도록 유도하는 것이다. 먼저 상대방의 이해를 돕기 위해 요점을 적당한 시점에 다양한 표현으로 되풀이해, 상대방이 요점에서 벗어나지 않게 한다. 그리고 상대방에게 질문을 하여 주의가 흩트러지지 않게 도와주며, 때때로 상대방의 평가나 의견을 유도해 대화에 깊숙이 빠져들게 만든다. 이때 일방적으로 질문을 유도하는 것처럼 보이는 것은 피해야 한다. 상대방이 조그마한 것이라도 의문을 제기한다면, 그것을 중심으로 설명하면서 질문을 유도하는 것이다.

질문은 말을 들을 때에나 할 때에나 이처럼 유용하다. 특히 질문은 상대방을 대화의 시작에서부터 결론에 이르기까지 잘 안내하는 힘을 지닌다.

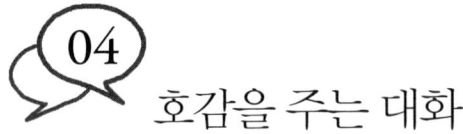

04 호감을 주는 대화

　원활한 대화는 쌍방이 서로의 의사를 잘 표현하고 상대를 이해시키는 데 그치지 않고, 친밀감이나 유대감을 쌓는 역할도 한다. 일단 친밀감이 형성되면 대화는 더욱 원활해진다. 실제로 다른 사람에게 하기 힘든 이야기도 친밀한 관계에서는 쉽게 풀리는 경험을 한 적이 있을 것이다. 이런 경험은 꼭 오래된 관계에서만 이루어지는 것은 아니다. 처음 만난 사람과의 대화에서도 호감을 줄 수 있다면 가능해진다.

　우리는 대화를 나눌 때 말솜씨가 뛰어나고 이야기를 설득력 있게 하기만 한다면 대화가 술술 잘 풀릴 것이라고 생각한다. 하지만 겉으로 드러나지 않는 이면에는 상대에 대해 느끼는 호감의 정도가 늘 작용한다. 비즈니스 관계에 있는 사람들은 호감의 정도에 의해 업무가 진행되는 경우도 상당히 많이 경험할 것이다. 따라서 대화를 할 때에는 의사소통과 더불어 호감을 줄 수 있는 방법을 찾는 것도 필요하다.

많지는 않지만 특별한 이유 없이 호감이 가는 상대도 있다. 하지만 대부분의 경우 그저 호감을 받을 수 있는 것은 아니다. 당연히 많은 노력이 필요하다. 무엇보다 상대방의 성향을 파악하여 적절하게 응대하고, 상대의 일상생활에 관심을 가져 공감대를 넓게 형성하며, 서로를 인정하는 경험을 가져야 한다.

상대의 성향을 파악하라

설득을 잘 하기 위해서는 먼저 상대방을 잘 파악해야 한다. 상대의 성향이나 성격에 맞추어 대화를 이끌어 가면 대화는 더욱 원활히 진행된다. 사람의 성격은 타고난 성품과 교육의 정도 그리고 생활환경 등에 의해 매우 다양하게 형성되는데, 일반적으로 논리적인 사람과 감성적인 사람, 성격이 급한 사람과 인내력이 있는 사람, 내성적인 사람과 외향적인 사람 등등의 타입으로 구분한다.

하지만 사람에 대한 판단을 내릴 때에는 신중해야 한다. 사람은 복잡하기 이를 데 없는 존재이므로 고정된 성격으로 파악하기 어렵다. 또 많은 사람들이 스스로 약점이라고 생각하면, 자신의 성격에서 벗어나려고 노력한다. 따라서 성급하게 상대의 성격이나 성향에 대한 판단을 내리고 그것에 맞추어 대하는 것은 무척 위험하다. 상대방이 자신을 한 유형으로 판단하고 있다는 사실을 알면 불쾌감을 느끼게 될 것이다.

가장 좋은 방법은 상대의 성향을 파악해두되, 늘 새로운 면을 발견하고 적절하게 반응하는 것이다. 예를 들면 "내성적인 분인 줄 알았는데, 상당히 활동적이시네요." 혹은 "늘 조리 있게 말씀하셔서 논리에 강한 줄은 알았지만, 감수성이 이렇게 풍부하신 줄은 몰랐네요." 하는 식으로 반응하는 것이다.

관심

상대방과 진실로 가까워지고자 한다면, 상대방이 무엇을 좋아하고 어떤 취미를 가졌으며 어떤 운동을 즐기는지 등을 아는 것이 좋다. 자녀나 조카가 방과 후에 무엇을 하면서 시간을 보내는지, 어떤 음악을 좋아하는지를 알면, 인사말만 주고받는 것에서 나아가 대화가 풍부해지고 결국은 가까워지는 것과 같은 이치다.

상대방의 일상에 관심을 갖는 것은 그 자체만으로도 관계에 긍정적인 영향을 미친다. 관심을 가지고 있으면 이야기를 듣는 자세가 달라지고, 그것은 온전하게 상대방에게 전해진다. 그러면 상대방은 당신과의 대화를 즐거워하게 된다.

여기에서 더 나아가 상대방의 관심 분야에 대해 상식 수준의 지식을 갖춘다면 대화는 더욱 활기를 띠게 될 것이다. 가령 상대방이 피부 관리에 관심이 많다면, 관련 책을 읽거나 인터넷으로 자료를 검색해 본다. 전문적인 내용까지는 아니더라도 몇 가지 사항만 알아도 대화에 많은 도움이 된다. 우선 상대의 말을 들으면서 적절한 질문을 할 수 있게 되고, 상대가 가진 지식이나 경험을 공유하게 된다. 그러면 상대방과 친밀한 관계를 유지되는 것과 더불어, 자신의 관심 영역이 확장되는 기회까지 얻게 된다.

운동에 있어서도 마찬가지다. 만약 상대방이 골프와 등산을 좋아한다면,

둘 중에 한 가지를 선택해 함께 즐길 수도 있다. 물론 자신의 사생활을 포기해서는 안 되겠지만, 기회가 되어 함께 운동하는 것도 교류에 도움이 된다.

공감

호감을 받고 친밀한 유대관계를 형성하는 것의 핵심은 공감에 있다. 깊은 공감은 관계를 부드럽게 만들고, '너와 나'의 관계를 단박에 '우리'로 묶는 힘을 발휘한다.

공감 대화는 옳고 그름이나 원인과 결과를 따지는 논리적인 대화가 아니다. 상대방을 있는 그대로 인정하고 이해하는 대화이다. 뛰어난 말솜씨가 없거나, 논리적이고 이성적인 이야기나 감성을 자극하는 감동적인 이야기를 하지 못해도, 상대에게 공감할 수만 있다면 성공적인 대화를 할 수 있다.

흔히 사춘기 자녀와의 대화에서 가장 중요한 것은 공감이라고 말한다. 질풍노도의 시기를 보내는 아이에게는 충고나 교훈이 아무 소용 없다. 애써 친한 척하며 건네는 말에는 신경질적인 반응을 보이고 관심은 귀찮아한다. 백약이 무효인 듯 보이는 이 시기의 아이들에게 통하는 유일한 것이 바로 '공감'이다. 아이가 느끼는 혼란과 불안에 공감하는 것이다. 공감을 받는 아이는 마음이 안정되고 이내 마음을 연다. 소통이 시작되는 것이다.

사실 우리 역시 사춘기의 아이와 크게 다르지 않다. 사춘기가 지난 지 오래되었어도 여전히 혼란스럽고 불안하다. 게다가 책임까지 커졌다. 공감의 힘은 바로 여기에서 비롯된다. 이처럼 큰 힘을 가졌는데도 사람들은 여전히 서로 공감하지 못한다. 공감해줄 누군가를 간절히 바라면서도 자신이 가진 공감 능력은 발휘하지 못한다.

공감 대화의 시작은 의외로 간단하다. 상대방의 이야기를 진심으로 경청하는 데서 시작한다. 진심으로 경청하면 그 사람의 속마음이 전해지고 결국 그 사람을 이해하게 된다. 상대방이 이해되면 상대가 처한 상황에 감정이입이 이루어진다. 자신이 그 상황에 처했다면 듣고 싶은 말, 그것을 표현하는 것이 바로 공감 대화이다. 표현이 서툴러도 상관없다. 상대방의 마음이 내게 전해지듯 내 마음도 그에게 전해지기 때문이다.

사실 공감이 중요하고 얼마나 큰 위안이 되는지 우리는 안다. 그런데도 하지 못하는 이유는 마음을 나누는 일에 익숙하지 않아 망설이기 때문이다. 공감은 상대방이 당신에게 다가오기를 기다릴 때가 아니라, 늘 당신이 상대방에게 다가갈 때 이루어진다는 것을 명심해야 한다.

칭찬

칭찬은 정신 건강을 위한 비타민과 같다. 자존감을 높이고 긍정적인 마음을 갖게 하며 잠재능력을 최대한 발휘하도록 이끈다. 그런데도 사람들은 대부분 칭찬에 인색하고 칭찬하는 방법을 잘 모른다. 실제로 말뿐인 칭찬은 별 효과도 없고 관계를 어색하게 만들기도 한다. 마음먹고 칭찬의 말을 건넸는데 오히려 서먹해진 경험이 있을 것이다. 생뚱맞은 칭찬이나 속이 뻔히 보이는 칭찬은 오히려 독이 될 수 있다. 칭찬에도 몇 가지 요령이 있다.

칭찬을 할 때에는 사람이 아니라 그 사람이 한 행위나 사실에 주목해야 한다. 만약 아이가 친구와 사탕을 나눠먹는 모습을 보았다면, 보통은 "아이,

착해"라고 말한다. 착하다는 말은 추상적이고 포괄적이며 구체적으로 지시하지 않는다. 그래서 이런 칭찬을 듣고 자란 아이는 모든 일을 착하다는 기준으로 판단하고 행동하려 한다. '착한 아이 콤플렉스'는 바로 이렇게 만들어진다. 또 착하다는 것과 같은 포괄적인 표현은 그저 말뿐인 칭찬으로 받아들여지기 쉽다.

이런 상황에는 사탕을 나눠먹은 그 일에 대해 칭찬하는 것이 좋다. 있는 사실을 그대로 언급하면 그저 하는 말이 아니라 진심으로 칭찬하는 것으로 느껴지고, 그런 행동이 강화되는 효과도 있다. 칭찬을 받았을 때 일어나는 긍정적인 효과가 실제로 나타나는 것이다. 또 칭찬의 말에는 가치판단이 포함되지 않는 것이 좋다. 예컨대 '사탕을 나눠먹어서 착하다'라고 하는 것보다 이렇게 말하는 것이다. "친구와 사탕을 나눠먹었네." 그저 사실 그대로를 말하는 것으로도 충분히 칭찬의 의미는 전달된다. 자신의 감상을 덧붙이는 것도 좋다. 예컨대 이렇게 말하는 것이다. "네가 친구와 사탕을 나눠먹는 모습을 보니까, 참 기쁘다."

비즈니스 관계에서도 마찬가지다. 상담에서 기대한 결과를 이끌어냈다면, 그 사람에게 "○○○ 씨, 참 대단하네요."라고 칭찬하는 것보다는 "상담을 참 편안하게 하시네요. 감탄했어요."라고 표현하거나 더 구체적으로 "말이 간결하면서 명쾌해서 이해하기 쉬웠어요."라고 말하는 것이 좋다.

좋은 칭찬은 '어떤 행위에 대해 진심에 우러나오는 구체적인 내용의 칭찬'이다. 입에 발린 무미건조한 칭찬은 칭찬이 아니다. 진심에서 우러나는 칭찬을 따뜻한 어투로 해야 한다. 칭찬은 상대방을 만족시키는 동시에 좋은 감정을 유발시킨다. 칭찬받는 사람뿐만 아니라 나 자신도 즐거워진다. 따라서 칭찬할 만한 일을 적극적으로 찾자. 그리고 마음껏 칭찬하자.

유머

유머 감각이 풍부한 사람과 나누는 대화는 유쾌하다. 지루하지 않아 관심을 지속적으로 유지할 수 있다. 농담만 계속하면 이야기가 진전이 되지 않고 산만해지기 쉽지만, 적절하게 활용하면 오히려 집중력을 높이기도 한다.

하지만 유머에는 도무지 자신이 없다는 사람들이 많다. 만약 그렇다면 가장 쉬운 방법으로 개그 프로그램을 보고 유행어를 따라하는 것도 좋다. 딱 맞는 상황에 사용하면 분위기를 바꾸는 데 아주 효과적이다. 이때 중요한 것은 대화에 집중해서 적절한 때를 놓치지 않는 것이다.

유행어가 아니라도 재치 있는 표현으로 분위기를 고조할 수 있다. 재치 있다고 생각되는 경우는, 예컨대 상대방이 '이런 말을 하겠지'라고 생각하는데, 전혀 예상하지 못하거나 기대하지 않은 말을 할 때이다. 유머는 상식적이지 않지만, 또한 비상식적이지도 않은 적절한 선에서 웃음을 유발시키는 재치라고 할 수 있다. 유머는 여러 가지의 유형이 있는데, 대표적으로 4가지로 요약된다.

첫째, 상대의 본심에 다가간다. 예컨대 이런 표현이다. "이렇게 좋은 날씨에 야외로 나가지 못하고 결혼식장에 오시게 해 안타깝게 생각합니다."

둘째, 예상되는 이야기에서 벗어난다. 예컨대 이런 말이다. "저의 결혼 축사는 늘 인기가 좋습니다. 항상 빨리 끝내기 때문이죠."

셋째, 뻔히 아는 사실을 돌려서 표현한다. 예컨대 이런 말이다. "걷기도 전에 뛰려고 한다는 말이 있습니다만, 일찍 뛰는 아이는 운동 선수각 되지요."

넷째, 지극히 당연한 사실을 진지하게 말하는 것이다. 예컨대 이런 말이다. "아이는 많이 낳을수록 좋아. 다자녀 혜택이 점점 많아지고 있잖아."

때로는 침묵이 더 많은 것을 말한다

지금까지 원활한 대화를 위해 알아두어야 할 것들에 대해 살펴보았다. 그 모든 대화의 기술을 관통하는 것은 바로 '적절한 때에 적절한 말을 하는 것' 이다. 그러나 적절한 말을 찾을 수 없을 때도 있다. 그럴 때에는 침묵하는 것도 방법이다. 말하는 것이 최선이 아니라고 생각될 때나 괜한 잡음에 휘말리고 쉽지 않을 때에는 오히려 침묵하는 것이 좋다. 노자老子는 '아는 자는 말하지 않고, 말하는 자는 알지 못한다'라고 했다.

예를 들어, 대화 도중 상대방이 어처구니없는 논리로 당신을 공격한다고 하자. 당신에게는 그를 궁지에 몰아넣을, 논리적이고 합당한 말이 수없이 많을 것이다. 하지만 논리를 잃고 떠들어대는 상대에게 당신 말은 들리지 않을 것이고, 결국에는 서로 목소리 높여 언쟁하는 것으로 끝날 가능성이 높다. 논쟁이 아니라 언쟁으로 얻을 수 있는 것은 아무것도 없다. 오히려 서로에 대한 적개심만 커지고, 두 사람 사이가 어색해지기 마련이다. 이럴 경우에는 그냥 웃어넘기는 것도 괜찮은 방법이다. 어떤 말로도 설득할 수 없는 사람은 말할 필요가 없고, 그렇지 않은 사람이라면 조만간 스스로 자신의 실수를 깨닫게 될 것이기 때문이다.

대화를 하다 보면 가끔은 '말하지 않는 것'이 좋을 때가 있다. 직원의 잘 못을 분명하게 알고 있음에도 침묵을 지키는 상사는, 가장 큰 꾸짖음을 주는 동시에 존경심을 갖게 한다. 또한 이야기 중간에 잠시 침묵을 지킨다면, 상대방에게 무엇인가 중요한 이야기가 이어질 것이라는 메시지를 전달해 집중하는 효과도 있다. 적절한 때의 침묵은 백 마디의 말보다 효과적이다.

05 속담과 고사성어를 이용하라

인생이 늘 기쁘고 즐거운 일만 계속되는 것은 아니다. 다양한 사건이나 문제로 인해 고민하거나 고통을 받고, 그것에 사로잡혀 헤어나지 못하는 경우도 드물지 않다. 또는 새로운 일을 시작하면서 걱정하고 고민하기도 한다. 상대가 이런 상황에 놓여 있다면 대화에 속담이나 고사성어를 이용하는 것이 도움이 된다. 속담이나 고사성어에는 오랜 세월을 거치면서 수많은 사람들의 삶의 지혜가 녹아 있다. 비록 어려운 일을 당했지만 그 문제에서 한 발짝 물러나는 여유와 좀 더 넓은 시야로 상황을 파악하는 데 도움을 준다.

새롭게 일을 시작할 때, 격려의 말

- 시작이 반이다. – 시작하는 것이 어렵지, 일단 시작했으니 잘될 것이다.
- 공든 탑이 무너지랴. – 힘과 정성을 다하면 반드시 결과가 좋다.
- 일취월장(日就月將) – 나날이 다달이 발전해간다.

실패 후 다시 도전할 때

- 비 온 뒤에 땅이 굳는다. – 시련을 겪고 나면 더욱 단단해진다.
- 전화위복(轉禍爲福) – 궂은일도 잘 이겨내면 복이 된다.

덕담을 건넬 때

- 굳은 땅에 물 고인다. – 절약하고 낭비하지 않아야 돈이 모인다.
- 명불허전(名不虛傳) – 명성이 헛되이 퍼진 게 아니라 그만한 까닭이 있다.
- 자수성가(自手成家) – 스스로 사업을 이룩하거나 큰일을 이루었다.
- 역지사지(易地思之) – 서로 입장을 바꿔놓고 생각해본다.

어려운 일을 당하고도 안주하고 있을 때

- 아랫돌 빼서 윗돌 괴기 – 임시변통으로 겨우 연명하고 있다.
- 언 발에 오줌 누기 – 당장은 효과가 있더라도 조금만 지나도 더 나빠진다.

협상할 때

- 아주머니 술도 싸야 사 먹는다. – 가까운 사이라도 이익이 있어야 한다.
- 손안에 있는 새 한 마리가 숲 속에 있는 두 마리보다 낫다.

  – 불확실한 미래의 큰 이익보다 현재의 이익이 중요하다.
- 일석이조(一石二鳥) – 한 가지 일을 해서 두 가지 이익을 얻는다.
- 과유불급(過猶不及) – 지나친 것은 모자라는 것보다 못하다.

충고를 할 때

- 나간 사람의 몫은 있어도 자는 사람의 몫은 없다.

  – 게으른 사람에게는 아무런 혜택이 없다.

- 걷기도 전에 뛰려고 한다.

  – 쉬운 일도 못하면서 어려운 일을 하려고 욕심을 낸다.

- 가랑비에 옷 젖는 줄 모른다. – 사소한 것도 쌓이면 큰 일이 된다.

- 동냥은 못 줘도 쪽박은 깨지 마라. – 도와주지 못할망정 훼방은 놓지 마라.

- 우물가에 가서 숭늉 찾기 – 일의 순서도 모르고 성급하게 덤비지 마라.

- 물은 깊을수록 소리가 없고, 벼는 익을수록 고개를 숙이다.

  – 덕이 높은 사람은 잘난 체하지 않으며 겸손하다.

기타 알아두면 좋은 속담

- 늦게 배운 도둑 날 새는 줄 모른다. – 늦게 시작한 일이지만 몹시 집중한다.

- 모기보고 칼 뺀다. – 작고 보잘것없는 일에 크게 대응한다.

- 쌀독에서 인심난다. – 살림이 넉넉해야 남을 돕는다.

- 입은 거지는 얻어먹어도 벗은 거지는 못 얻어먹는다.

  – 옷차림을 깨끗이 하라.

- 개장수도 올가미가 있어야 한다. – 무슨 일을 하든 준비를 해야 한다.

- 굽은 나무가 선산을 지킨다. – 쓸모없어 보이는 것이 큰 역할을 한다.

- 길이 아니면 가지 말고 말이 아니면 뱉지 마라.

  – 사리에 어긋나는 것은 하지 마라.

- 소문난 잔치에 먹을 것이 없다. – 소문과 달리 실제로는 보잘것없다.

기타 알아두면 좋은 사자성어

- 아전인수(我田引水) – 무슨 일이든 자기에게 유리하게 해석한다.
- 교각살우(矯角殺牛) – 사소한 결점을 고치려다 크게 망가뜨린다.
- 거두절미(去頭截尾) – 앞뒤 말을 빼고 요점만 말한다.
- 고진감래(苦盡甘來) – 고생 끝에 낙이 온다.
- 동병상련(同病相憐) – 비슷한 처지의 사람끼리 상대 입장을 잘 안다.
- 사필귀정(事必歸正) – 모든 일은 결과적으로 반드시 바른길로 돌아온다.
- 삼고초려(三顧草廬) – 뛰어난 인재를 얻기 위해 정성을 다한다.
- 십시일반(十匙一飯) – 여러 사람이 힘을 합치면 한 사람 돕기는 쉽다.
- 새옹지마(塞翁之馬) – 사람의 일은 예측하기 힘들다.
- 설상가상(雪上加霜) – 엎친 데 덮친 격이다.
- 자업자득(自業自得) – 자기가 저지른 일의 과보를 자신이 받는다.
- 적반하장(賊反荷杖) – 잘못한 사람이 도리어 다른 사람을 나무란다.
- 적재적소(適材適所) – 알맞은 자리에 알맞은 인재를 등용한다.
- 지피지기(知彼知己) – 상대를 알고 나를 안다. 백전백승과 함께 쓴다.
- 천재일우(千載一遇) – 좀처럼 만나기 어려운 좋은 기회.
- 파죽지세(破竹之勢) – 대쪽을 쪼개는 듯한 거침없는 형세.

Chapter 3

상황별 대화법

01 일상생활에서 만나는 곤란한 상황

거절을 해야 할 때

다른 사람의 부탁을 거절해야 할 때 우리는 무척 힘들어한다. 그 이유는 무엇일까? 그것은 거절하는 것과 거절당하는 사람을 동일시하기 때문이다. 다시 말해, 부탁받은 일이 아니라 상대방을 거절하는 것으로 생각한다는 것이다. 그래서 거절을 하면 상대방과의 우호적인 관계가 금이 갈 것이라고 여긴다. 하지만 곰곰이 생각해보면, 부탁은 내 형편이 허락하는 한에서 받아들이는 것이고, 따라서 어떤 부탁을 들어주지 않았다고 서로의 관계에 금이 갈 정도이면 그것은 우호적인 관계가 결코 아니다.

거절이 어려워 상대방을 피해 다닌다고 해결이 되지도 않는다. 그래서 거절에도 용기가 필요하다. 그 약간의 용기가 일생 동안 겪어야 할 불쾌감에서 벗어나게 해주기도 한다. 다만 거절할 때 상대방의 자존심을 건들이거나 괜한 오해거리를 만들지 않도록 조심해야 한다.

거절에도 약간의 기술이 필요하다. 먼저, 상대방의 부탁을 끝까지 경청하는 것이 중요하다. 상대방도 자신의 부탁을 들어주는 것이 쉽지 않다는 것을 알고 있기에, 성실하게 경청을 해주는 것으로 상대방에게 위로가 된다. 그리고 거절할 때에는 정중한 태도로 말하며, 거절하는 이유를 구체적으로 밝혀야 한다. 구체적인 이유를 밝히지 않으면, 상대방은 그 부탁을 거절한 것이 아니라 자신을 무시하거나 거절한 것으로 오해할 수가 있다. 앞에서 언급한, 다른 사람에게 칭찬을 할 때 구체적인 행동에 대해 칭찬하는 것과 같은 이유이다. 또 거절할 때에는 최대한 빨리 거절의사를 밝히는 것이 좋다. 그래야 상대방이 공연한 기대감을 갖지 않고, 다른 방법을 찾을 시간이 늘어나기 때문이다.

매일 얼굴을 마주보고 생활하는 가족간에도 거절하는 것은 마찬가지로 어렵다. 사랑하는 가족끼리는 많이 양보해서, 자신의 일을 제쳐놓고 도와주기도 한다. 하지만 이런 부탁을 늘 수락하다 보면 도와주는 것이 습관화되어 비록 가족간이지만 피해의식이 생길 수 있다.

그러므로 감당할 수 없는 부탁이나 정도에 지나친 부탁은 단호하게 거절하는 것이 모두를 위하는 것이다. 중요한 것은 가족이라고 해서 예의 없이 행동해서는 안 된다는 것이다. 가까운 관계일수록 느슨해지기 쉬우므로 더욱 신경을 써야 한다. 적절한 수용과 거절은 서로간에 긴장감과 배려하는 마음을 가지게 하는 계기가 될 수 있다.

답변하기 곤란한 질문을 받았을 때

대화를 하다 보면 답변하기 곤란한 질문을 받을 때가 있다. 예컨대 회사 사정이 갑자기 어려워졌을 때 회사 내부 사정을 묻는 질문, 사생활에 속하는 문제에 대한 질문 등이다. 이런 질문을 받았을 때 적당히 얼버무려도 꼬치꼬치 캐묻는 사람이 더러 있다.

이럴 경우에는 상대방에게 화를 내거나 면박을 주는 말을 하는 것은 피해야 한다. 그보다는 "뭘 그런 것을 물으세요. 그냥 모른 체해 주세요."라고 솔직하게 말하는 것이 좋다. 그리고 "시간이 지나면 다 알게 될 텐데요. 잘 되어가고 있어요." 또는 "별일 아니에요."와 같은 말로 가볍게 응대하는 것이 현명하다. 사적인 질문 역시 마찬가지다. 예컨대 상대방이 당신에게 나이를 묻는다면 웃으면서 "몇 살로 보이세요?" 하고 되받아 묻는 식의 요령이 필요하다.

질문을 받는 대로 다 대답한다고 상대방에게 유익한 정보가 되는 것은 아니다. 오히려 가십거리처럼 듣고 잊어버릴 만한 내용도 많다. 그런 내용은 말하고 난 다음에 후회하게 만든다. 대답하기 싫거나 부담스러운 질문은 재치있게 넘어가는 방법을 찾는 것이 현명하다.

말실수를 했을 때

말실수는 엎질러진 물이나 활을 떠난 화살에 곧잘 비유된다. 그만큼 수습하기 어렵다는 말이다. 말을 할 때에는 가볍게 하지 말고 심사숙고하라는 의미에서 '말을 잘하는 것은 은이고, 침묵은 금이다'라는 격언도 있다. 하지만 우리의 생활은 대화의 연속이므로 말실수를 완전히 피할 수는 없다.

만약 말실수를 했다면, 실수를 깨달은 그 순간에 바로 진심어린 사과를 하는 것이 최선의 방책이다. 만약 그 즉시 실수를 수습하지 않는다면, 기분이 상한 상대방은 그 상황에 대해 여러 가지 필요 없는 생각을 하게 된다.

사과할 순간을 놓쳐버리면, 바쁜 일상 속에서 다시 사과할 기회를 만드는 것은 쉽지 않다. 사과할 기회를 갖지 못한 채 상대방과 계속 만나면 서로 불편해지고 우호적인 관계를 유지할 수 없을 것이다.

어색한 분위기에서 말을 꺼내야 할 때

그다지 친하지 않은 사람과 마주할 때가 있다. 딱히 할 말이 없어 어색해하며 창문 밖을 내다보거나 휴대전화기를 만지작거리게 된다. 사실 이런 경우에는 적절한 화제를 찾기도 쉽지 않다. 요즘 이슈가 되고 있는 정치적인 현안이나 사회적인 문제를 이야기하는 것은 위험하다. 의견이 서로 다른 경우 이야기를 꺼내지 않은 것보다도 못하다.

이럴 때에는 먼저 마음을 편안히 가지며 적당한 이야기가 나올 때까지 기다리는 것이 현명하다. 대부분의 사람들은 언제나 대화를 잘해야 한다는 강박관념을 가지고 있는 듯하다. 대화는 자연스러운 상황에서 상대방과 관심사에 대해 이야기를 나누는 것이 목적이지, 타인의 눈을 의식하거나 어색함이 싫어 억지로 화제를 끄집어내야 하는 것은 아니다. 일단 당신이나 상대방의 마음이 편안해져서 누구든 먼저 말을 할 때까지 기다리자.

어느 정도 시간이 지났는데도 상대방이 먼저 이야기를 꺼내지 않는다면, 그때에는 스포츠나 요리, 독서나 영화 등의 가벼운 대화로 시작하는 것이 좋다. 적절한 시간의 경과는 상대방과 당신을 편안한 마음으로 이끌어주어, 부담 없는 대화가 이루어지도록 유도한다. 하지만 이때에도 어설픈 유머로 분위기를 띄우려 하는 것보다 너무 사적이지 않은 질문으로 이야기를 시작하는 것이 좋다. 예컨대 이런 식이다. "오늘은 날씨가 참 좋네요. 이런 날은 산을 오르기에 딱 좋은데. 혹시 등산 좋아하세요?"

불쾌한 상대와 대화를 해야 할 때

불쾌한 상대를 만나면 그 역시 나를 불쾌한 사람으로 느낄 수 있다는 것을 기억해야 한다. 극히 소수의 사람을 제외한 보통 사람들은 그 사람 자체가 나쁘거나 불쾌한 경우는 없다. 대부분의 경우 불쾌감을 주는 까닭은 다른 사람과의 관계가 원만하지 않기 때문이다. 그리고 이것은 악순환된다. 당신이 상대방에게 불쾌한 감정을 가지고 대한다면 상대방 또한 같은 감정을 가지게 되는 것이다.

불쾌하게 생각하는 상대와 대화를 할 경우에는 먼저 마음을 완전히 비워야 한다. 내가 느끼는 불쾌함이 선입견에서 비롯된 것일 수도 있다고 여기고, 처음 만난 사람처럼 상대를 보려고 노력한다. 나아가 상대방에 대한 긍정적인 마음을 갖고 우호적인 제스처로 대화에 임한다면 감정적인 부분은 상당히 많이 해소될 것이다.

문제는 마음가짐이나 태도를 바꾸려고 노력했는데도 상대방에 대한 감정 변화가 일어나지 않을 때이다. 이런 때에는 우호적인 관계를 만드는 데 너무 많은 힘을 쏟을 필요는 없다. 그냥 현상유지에 만족하는 것이 현명하다.

하지만 상대가 업무 관계로 자주 만나야 하는 사람이라면, 여러 가지 방법을 강구해야 한다. 이메일이나 전화상의 협의는 어려운 일이 아니지만, 서로 얼굴을 맞대고 상담해야 할 상황이라면 달라진다. 이럴 경우에는 혼자서 방문할 것이 아니라 상대방과 어색하지 않을 사람과 함께하는 것이 좋다. 서로 불편한 마음을 누그러뜨릴 완충지대를 마련하는 것이다. 또 상담할 때에도 가능하면 핵심만을 간추려 간결하게 진행해 의견충돌을 사전에 방지할 필요가 있다. 이렇게 하면 당신이나 상대방이나 마음에 상처를 적게 받고 대화할 수 있다. 최선의 상황을 만들 수 없다면 차선의 방법을 강구해서 대화를 지속해야 한다.

02 직장생활에서 만나는 곤란한 상황

상사나 부하 직원이 반대할 때

우리나라 기업들의 사내 커뮤니케이션 구조는 대부분 톱다운Top-down 형태이다. 즉, 상하급 직원 상호간의 의사소통을 통해 의사를 결정하는 구조가 아니라, 임원진이나 상부의 회의 결과를 하부로 전달하는 구조이다. 이런 구조에서는 결정이 모든 구성원간의 충분한 소통으로 이루어지지 않기 때문에, 의견이 충돌하는 상황이 생기게 마련이다. 상관의 지시사항이나 의견을 중간관리자나 실무자로서 반대해야 할 경우가 발생하고, 이와 반대로 자신이 지시한 사항에 하급직원이 반대의사를 표명하는 상황이 생기기도 한다. 이런 의견 충돌을 원만하게 해결하는 것이 커뮤니케이션 능력이다.

먼저, 상급자가 무리한 지시를 할 경우에는 어떻게 해야 할까? 일단 상급자의 의견을 수용하되 그 과업을 수행하는 데 발생될 것으로 예상되는 몇 가지 문제점에 대해 상급자에게 조언을 구하는 식으로 의견을 낸다. 일반적으로 사람들은 누구나 아랫사람이 조언을 구하면, 자신의 능력을 높이 평가하는 것으로 생각하고 상대방에 대해 너그러워지는 경향이 있다. 이때 상급자의 조언을 경청하고, 다시 이견이 생기면 새로운 질문으로 의견 차이의 폭을 좁혀가야 한다.

또 상급자는 하급자가 지시사항에 대해 어려움을 토로하면 성실하게 들어주어야 한다. 그리고 구체적으로 의견을 나누면서 목표에 접근할 수 있는 방법을 찾는다. 실제로 달성하기 어려운 과업이어서 부하직원이 반대 의견을 제시했다면, 그 직원의 의견을 수용하여 목표를 조정할 필요가 있다. 하지만 목표설정에는 현실의 여건을 뛰어넘는 성과를 내고자 하는 의지적인 측면도 있으므로, 이 부분을 설득한다. 대화를 할 때에는 반대의사를 밝혔다고 할지라도, 그 부하직원을 항상 긍정적인 측면에서 바라보아야 한다.

중요한 결정이 하달되었다고 해도 실무에 대한 이 같은 의견조율과 의사소통 과정이 없다면, 상관과 부하직원 사이의 대화는 대부분 '그런 말을 한 적이 없는데' 또는 '그런 말을 들은 적이 없습니다' 등의 책임회피성 말뿐이게 된다. 더 나아가 상호간에 불신감이 조장되어 '앞으로 무조건 보고서를 쓰세요' 또는 '앞으로는 녹음기를 준비해야겠습니다'와 같은 불평불만이 가득한 말을 늘어놓기 십상이다.

중간 관리자의 경우 업무는 두 가지 축으로 나뉜다. 하나는 매출과 관계되는 생산성 관련 '업무 부분'이고, 또 하나는 팀원 간의 관계를 원만하게 이끌어내는 '인간관계 부분'이다. 만약 생산성 부분에만 집중하면 능력 있는 관리자로 평가받아 승진은 빨라지겠지만, 인간적이지 못하다는 평가를 듣게 된다. 이와 반대로 직원들을 잘 다독이며 부서 분위기는 원만하게 이끌어가지만 목표에 미달하게 되면, 덕은 갖추었지만 능력이 부족한 관리자로 평가된다. 가장 바람직한 것은 두 측면이 적절하게 조화를 이루도록 관리하는 것이다. 물론 말처럼 쉬운 일은 아니다. 그러나 두 측면 모두 사람 사이에서 이루어지는 일이므로, 가장 중요한 것은 바로 의사소통 능력, 즉 대화의 힘이라고 할 수 있다.

팀원의 잘못을 지적할 때

팀원이 지각을 자주 하거나 보고서의 기한을 맞추지 못하는 등의 잘못을 할 때에 적절하게 지적하고 책임을 묻는 것은 관리자로서 당연한 역할이다. 그런데 이런 지적이 유익한 자극이 되어 그 팀원이 자기발전의 기회로 삼을 수 있으면 바람직하지만, 오히려 감정을 상하게 해 역효과를 내는 경우도 더러 있다. 상사의 지적이 직원의 잘못에 경종을 울리는 것이 아니라 자신의 화를 풀기 위한 꾸지람이 되는 경우이다. 팀원이라고는 하나 잘못을 지적하고 책임을 묻는 것은 쉬운 일이 아니다. 꾸짖는 것처럼 느끼면 자존심을 다칠 수 있기 때문이다. 그래서 여기에도 기술이 필요하다.

직원의 잘못을 지적할 때에는 잘못한 그 사항에 대해서만 언급해야 한다. 감정에 치우쳐 평소 생활 습관과 근무 태도까지 거론하면서 그 사람의 인격까지 손상을 입히는 경우도 많다. 다른 직원과 비교하며 약한 부분을 공격하여 자존심을 건드리는 경우도 있다. 직원이 비록 잘못을 했다 할지라도 인격적으로 대하면서, 잘못을 깊이 반성하고 깨우쳐 발전하도록 이끌어야 한다.

이런 경우, 먼저 직원이 잘하는 점이나 장점을 칭찬하면서 잘못된 부분을 지적하는 것이 좋다. 예를 들면 이렇게 말하는 것이다. "○○○ 씨는 사무실에서 근무태도가 아주 좋은데, 요즘 지각을 자주 하는 것 같아요. 아침에 조금만 더 일찍 출근해서 업무를 준비한다면 업무 능력이 많이 향상될 텐데 그렇지 못해 유감이에요." 즉, 칭찬과 지적을 번갈아하고, 마지막에는 잘못을 고치면 자기 발전에 큰 도움이 될 것이라고 격려하는 것이다.

요컨대 직원의 잘못을 지적할 때에는 3가지 원칙을 기억하자. 첫째, 직원의 발전을 위한 것임을 기억한다. 둘째, 지적하고자 하는 부분을 구체적으로 말하되 그 부분에만 한정한다. 셋째, 칭찬은 공개적으로 하고, 지적을 할 때는 조용한 곳에서 일대일로 한다. 이 3가지는 가장 기본적인 것이기에 반드시 지켜야 한다.

나쁜 소식을 전할 때

상대방에게 기분 좋은 소식을 전하는 것은 늘 기쁜 일이다. 하지만 세상만사가 다 기쁘기만 한 것은 아니다. 가슴 아픈 소식을 전해야 할 때도 있다. 이럴 때에는 나쁜 소식을 전해들은 상대방이 화를 내거나 슬퍼할 것을 생각하면 말하고 싶지 않을 것이다.

예컨대, 환자에게 시한부 선고를 해야 할 때, 갑작스런 회사 내부 사정으로 계약 중단을 전해야 할 때, 거래처에 지불 약속을 했지만 자금이 부족해

며칠 정도 늦추어 달라고 부탁해야 할 때, 회사 사정이 나빠져 직원에게 해고통지를 해야 할 때 등의 어려운 소식을 전해야 할 경우가 가끔 있다. 이런 나쁜 소식은 전하는 사람에게나 듣는 사람에게나 괴로운 일이다.

하지만 어려운 이야기라고 책임을 회피하거나 시일을 미루다보면 부담은 더 커지고, 오해와 갈등까지 생길 수 있다. 어려운 이야기일수록 가급적 빨리 상대방에게 알릴 필요가 있다. 빠를수록 말하는 사람의 부담은 줄고, 상대방은 그 나쁜 상황에 준비할 시간을 조금이라도 더 벌게 된다.

전달할 사항은 정확하고 간단하게 표현해야 한다. 사람은 누구나 나쁜 소식을 들으면 가능한 좋게 미화시키려는 경향이 있다. 설령 나쁜 소식을 접하더라도 좋은 상황으로 반전될 가능성을 열어 두려고 한다. 그러므로 나쁜 소식을 전할 때는 오해의 소지가 없도록 정확하고 간단명료하게 표현하는 것이 좋다.

바이어가 계약을 미룰 때

직장생활을 하다 보면 오랜 협상 끝에 계약서에 도장을 찍어야 할 시점에서 차일피일 미루는 바이어를 상대해야 할 때가 있다. 이럴 경우에는 상대방이 어떤 생각을 가지고 있는지를 파악하는 것이 급선무이다. 만약 마지막 순간에 상대방의 마음이 변했다거나, 손해 보는 느낌이 들어 주저하고 있는 것이라면 적극적으로 행동할 필요가 있다.

아무리 중요한 계약 건이라 할지라도 상대방에게 끌려간다면 그 계약은 성사되기 어렵다. 만약 상대방이 계약을 미루면서 조금이라도 더 이익을

챙기려 할 때에는, 요구를 수용하면 할수록 상대방은 점점 더 요구하게 된다. 그러면 이번의 계약이 성사되더라도 지속적인 관계를 유지하기가 어려워진다. 따라서 정상적인 협상과정을 통해 성사된 계약이라면, 시일을 정하고 적극적으로 상대방을 압박해야 한다.

비즈니스는 일면 시간과의 싸움인 측면도 있다. 빠른 시일 내에 완결되어야 할 계약이 계속 지연되면, 그만큼 이익을 까먹는 셈이다. 따라서 오늘이 이 계약을 위한 마지막 날이라고 생각하고 행동해야 한다.

적극적으로 설득하고 압박하면서 계약을 성사시키려고 노력했으나 결국 성사되지 않을 때도 있다. 만약 계약을 계속해서 미루는 사람과의 계약이 무산되었다고 할지라도 너무 상심할 필요가 없다. 그는 장기적으로 도움이 되는 파트너가 될 수 없는 사람이기 때문이다.

고객의 불만에 답변해야 할 때

상품에 대한 불만이나 불평을 토로하는 고객이 있기 마련이다. 소비자의 욕구는 늘 현재의 과학 기술의 수준 이상으로 더 세밀해지고 높아가기 때문이다. 또 자신이 구입한 제품의 질이나 서비스에 대해 높은 기대를 하는 것은 당연하다. 왜냐하면 제조업체들은 자사 상품이 타사 상품과는 다른 특별한 기능이 있다는 것을 늘 강조해왔기 때문이다.

고객이 당신의 회사 제품에 대해 불만을 토로하거나 화를 낼 때에는, 당신의 회사에 대한 기대나 신뢰도가 높았기 때문이다. 비록 화가 난 고객일지라도 시간을 내어 불만사항을 정리해서 연락했다는 것은 대단한 애정의 표현이다. 그러므로 신중한 자세로 고객의 불평 사항을 꼼꼼하게 파악해야 한다.

전화를 건 고객은 화가 난 상황이기에, 고객이 제기한 문제에 대해 직접적이고 빠른 답변을 하기보다는 고객의 감정을 어루만지는 공감의 말부터 하는 것이 현명하다. 제품이 쉽게 고장 났다든지, 자신이 생각한 기능이 없어 불편하다는 등의 고객의 불평에 대해서는 "그렇군요. 참 난처하셨겠습니다." 등의 공감하는 말을 하는 것이 좋다. 그런 다음 고객의 불만이 신속하게 해결되도록 조치를 취하되, 불가능한 부분은 솔직히 밝히고 회사의 매뉴얼에 따르도록 유도해야 한다.

불평 전화를 하는 고객들은 대부분 대단히 자기 의견이 강하고 오피니언 리더인 경우가 많다. 그러므로 불평 전화에 응대를 잘하는 것은 한 명의 충성도 높은 고객을 확보하는 데 그치는 것이 아니라, 그 사람 주위에 있는 많은 지인들을 함께 소개받는 것이나 다름없다. 따라서 최선의 노력으로 고객의 불평 사항을 해결해야 한다. 그리고 마지막으로 불평 신고를 해준 것에 대한 감사의 말을 전하면서 마무리한다.

시간관리편

Chapter 1. 자신에 맞는 시간활용법
01. 자신의 시간감각을 파악하라 | 02. 자신에게 맞는 리듬을 찾아라 | 03. 중요한 일과 급한 일의 조화 | 04. 시간관리 체크리스트

Chapter 2. 시간을 세분화하여 관리하라
01. 알차게 보내는 하루하루 | 02. 일주일 단위의 시간관리 | 03. 한 달 주기의 마감은 필요하다
04. 1년 단위의 목표수립 | 05. 3년 단위의 목표수립

Chapter 3. 시간활용 기법
01. 아침시간 활용법 | 02. 출퇴근 시간 활용법 | 03. 잠자기 전 30분 활용법

Chapter 4. 시간을 늘리는 집중법
01. 집중력을 키우는 5가지 방법

자신에게 맞는 시간 활용법

01 자신의 시간감각을 파악하라

누구나 의미 있고 충실한 시간을 보내고 싶어 한다. 그런데 어떻게 해야 그런 시간을 가질 수 있는지에 대한 질문에는 사람마다 다른 대답을 한다. 시간에 대한 관념이나 활용법도 마찬가지로 각기 다른 생각을 가지기 마련인데, 자신에 맞는 시간 관리, 시간 디자인이 중요하다.

예술작품에는 예술가의 개성과 캐릭터가 녹아들어 있는 것처럼, 시간 디자인에도 개개인의 선호도가 반영되기 마련이다. 그러므로 자신의 특성이나 기질 등을 분명히 파악하는 것이 시간을 디자인하는 기본이다.

시간에 대한 자신의 관점을 '시간감각'이라고 부르는데, 이것은 사람마다 다르다. 예컨대 짧은 시간 안에 최대한의 작업 효과에 최대의 가치를 부여하는 사람이 있는가 하면, 느슨하게 시간을 디자인하는 것에 매력을 느끼는 사람도 있다. 또 긴장과 여유가 적절하게 조화를 이룬 생활을 디자인하는가 하면, 일정한 패턴의 시간 스케줄을 고집하며 안정감 있는 생활을 즐기려는 사람도 있다.

　이처럼 다양한 시간 활용법 가운데 어느 것이 정답이고 어느 것이 나쁘다고는 말할 수 없다. 단지 자신에 가장 잘 맞는 방법을 찾는 것이 중요한다. 다른 사람의 의견을 따르거나, 자신의 능력에 벗어나는 무리한 시간 계획은 오히려 시간에 쫓기다가 실패할 가능성이 높다.

02 자신에게 맞는 리듬을 찾아라

단시간에 많은 일을 할 수 있다는 것은 대단한 축복이다. 하지만 이것이 때로는 엄청난 부담으로 작용하기도 한다. 특히 중요한 일을 맡았을 때 '반드시 해내야 된다'는 의지가 너무 강하면 오히려 능률이 떨어질 수 있다. 예를 들면, '1시간 만에 이 정도를 할 수 있으면 좋겠는데……' 혹은 '오늘 하루 동안 이 정도만 해도 어디야?'와 같이 가벼운 목표를 세우고 그것을 이루었다는 만족감을 즐기는 편이 현명할 수도 있다.

일단 '이보다 더 잘해야 된다'는 함정에 빠지면 일의 한계가 사라지게 된다. 다람쥐 쳇바퀴 돌듯 힘겨운 일상만 반복될 뿐이고 성공의 지점은 보이지 않게 된다. 이럴 때 자신이 쳇바퀴에 갇혀 있다는 것을 자각한다면, 힘들게 반복되는 행동을 하지 않고 그곳을 빠져나오거나 잠시 휴식을 취할 수도 있다. 하지만 '이 정도를 할 수 있다면 충분히 잘 할 수 있어'라는 확신을 갖는다면, 모든 선택권은 자신에게 주어지게 된다.

걸어갈 때에도 보폭이나 속도는 '조화harmony'를 이루는 데 초점을 맞추어야 한다. 하모니의 어원은 화음으로, '도미솔'이 듣기 좋은 화음을 내듯이 기분이 좋은 상태로 일상을 즐길 수 있는 자신의 음을 찾아야 한다. 그리고 멜로디와 느낌은 사람마다 다르기에 자신만의 화음이 중요하다.

느긋하게 살던 사람이라면 바쁘고 치열한 생활에 따른 스릴이나 쾌감에 대해 거부감을 느낄 수도 있다. 어느 쪽이든 일단 경험해보고 자신의 생활리듬과 더 잘 맞는지를 판단해야 한다. 여기에서 기억해야 할 것은 자신의 스타일에 맞는 것이어야 한다는 것이다. 어떤 옷이 자기에게 잘 어울리는지는 입어봐야만 알 수 있다. 한 번 보고 마음에 든다고 충동구매를 하면 후회하기 십상이다. 옷을 잘 입는 사람들을 보면 하나를 사더라도 이것저것 여러 가지를 입어본 후에 자신에게 가장 잘 어울리는 것을 선택한다.

03 중요한 일과 급한 일의 조화

우리가 일상적으로 하는 일들은 중요성과 급한 정도에 따라 4가지로 나눌 수 있다. 첫째는 중요하면서도 급한 것이고, 둘째는 중요하지만 급하지 않는 것, 셋째는 중요하지는 않지만 급한 것, 넷째는 중요하지도 않고 급하지도 않는 것이다.

첫째, 중요하면서 급한 것은 주로 마감시한이 정해진 사업계획이나 입찰서류의 제출, 광고나 기사의 송출, 꼭 참석해야 할 애경사의 참석 등이다. 이런 일은 집중해서 처리해야 실수하지 않는다. 늘 긴장해서 관리해야 하기에 스트레스가 집중되는 일이기도 하다.

둘째, 중요하지만 급하지 않는 것은 계획을 수립하고 목표를 설정하며, 삶의 가치관을 확립하고, 외국어 공부와 같은 자기계발을 하는 등의 일이다. 당장 현재와 관련되기보다는 미래와 관련된 부분이다. 미래를 준비하기 위한 독서나 자기계발과 건강관리 등을 하는 것이다. 지속적인 성장을 위해 이

부분을 잘 관리해야 한다. 그런데 대부분의 사람들은 급하지 않다는 이유로 등한시하고 있다.

셋째, 중요하지 않지만 급한 것은 친구나 가족의 부탁, 직원들의 부탁 등과 같은 사소한 일과 수시로 확인하는 이메일이나 SNS 등이다. 대부분 인간관계와 관련이 있으므로 외면하거나 무시할 수는 없지만, 크게 중요하지는 않다. 하지만 그때그때 처리하지 않으면 시급한 일이 되어, 비록 급하지는 않지만 중요한 일을 하는 데 방해가 된다. 중요하지 않은 일은 그때그때 가볍게 처리하여 급한 일이 되지 않도록 관리하는 것이 필요하다.

마지막으로 중요하지도 긴급하지도 않은 것은 친구들과 습관적으로 술을 마시고 카드놀이 등을 한다든가, 인터넷 서핑, 컴퓨터 게임이나 별 의미 없는 텔레비전 시청 등으로 시간을 흘려보내는 일이다. 한마디로 킬링타임용 일인 것이다. 여러 가지 급한 일들을 처리하면서 쌓인 스트레스를 해소하는 다양한 방법이 필요하기도 하지만, 적절한 수준에서 자제해야 조화로운 삶을 영위할 수 있다. 컴퓨터 게임이나 텔레비전의 시청도 잠시 머리를 식히는 정도가 아니라 습관적으로 하게 되면 그 자체가 스트레스가 된다.

중요하고 급한 일은 발등의 불이다. 그런 일은 즉시에 처리해야 한다. 하지만 중요한 것을 먼저 해야 하는가, 급한 것을 먼저 해야 하는가는 늘 고민되는 일이다. 무엇보다도 명심해야 할 것은 중요하지 않은 일을 급한 일로 만들어 중요한 일을 하지 못하는 경우가 생기지 않도록 해야 한다는 것이다.

04 시간관리 체크리스트

효율적인 시간관리를 하기에 앞서 현재 자신의 시간관리 수준부터 살펴볼 필요가 있다. 다음의 체크리스트로 정확히 체크해보자.

시간관리 체크리스트

1. 일의 경중을 따져 우선순위를 정해서 처리한다.

2. 약속시간을 철저히 지킨다.

3. 일이 과중되거나 쓸데없다고 생각하는 요구는 과감히 거절한다.

4. 가능하면 일찍 출근하려고 한다.

5. 사전 계획에 많은 시간을 할애한다.

7. 여유 있는 시간에 할 일이 늘 몇 가지는 준비되어 있다.

9. 책상이나 주변정리를 잘하는 편이다.

11. 다른 사람과 연관된 일의 경우 항상 타이밍을 의식한다.

13. 정해 놓은 마감시감은 어떻게든 지키려고 한다.

6. 하루 그리고 일주일 업무 스케줄을 꼼꼼히 세우는 편이다.

8. 사무실에서나 집에서나 정리정돈에 신경을 쓰는 편이다.

10. 어떤 일에든 목표를 명확히 하려고 노력한다.

12. 모든 일에 스스로 마감시간을 정하는 편이다.

14. 출퇴근 시간을 활용해 외국어 습득이나 독서 등 자기계발에 힘쓴다.

15. 업무와 관련된 다른 사람들의 스케줄에도 신경을 쓴다.

16. 회식자리에서 일어나야겠다고 마음먹으면 바로 일어나는 편이다.

17. 10년 후의 내 모습을 쉽게 상상할 수 있다.

18. 혼자 처리하기 힘들 때는 동료에게 과감히 도움과 조언을 요청한다.

19. 회의 시작 전에 많은 준비를 하는 편이다.

20. 첨단 기계나 첨단 기술에 관심이 많다.

21. 포커나 오락 등을 즐기지 않는 편이다.

22. 의사결정은 신중하게 하되 빨리 내리는 편이다.

23. 일의 효율성을 고려해 일하려고 노력한다.

24. 비생산적인 일은 가급적 자투리 시간에 해결한다.

25. 컨디션이 최상인 시간에 우선순위의 일을 처리한다.

26. 사용한 물건을 제 자리에 놓아두어 찾는 데 어려움이 없게 한다.

27. 주말에 텔레비전 시청은 1시간 이상 하지 않는다.

새로운 시간을 창조하며 사는 형

체크리스트의 85%에 그렇다고 대답할 수 있는 사람은 새로운 시간을 창
조하면 사는 형이다. 한마디로 시간을 잘 쓰는 사람이다. 하루 24시간을 능

동적으로 사고하고 행동하며 자신의 것으로 만든다. 항상 바쁜 것 같아도 삶에 여유가 있고 소위 자신이 하고 싶은 것은 다 한다. 이런 부류의 사람들에게는 하루가 24시간이 아니라 25시간이 될 수도 있고, 48시간이 될 수도 있다. 타임스케줄은 굉장히 상세히 분 단위까지 기록하는 경향이 있다.

시간을 능률적으로 활용하는 형

80~65%에 그렇다고 대답하는 사람은 시간을 능률적으로 활용하는 형이다. 24시간을 꽉 짜인 계획표대로 움직이면서 살아간다. 타임스케줄에 자신을 맞춰 나가는 형으로 나름대로 짜임새 있게 시간을 활용하며 살아간다. 흔히 주변에서 쉽게 볼 수 있는 바쁘게 정신없이 사는 사람들이다.

시간에 쫓기며 빠듯하게 사는 형

60~50%에 그렇다고 대답하는 사람은 시간에 쫓기며 빠듯하게 사는 형이다. 하루 24시간을 알차게 활용하지 못하고, 수동적으로 살아간다. 치밀한 계획 없이 닥치는 대로 일을 처리하다 보니, 늘 시간과 일에 쫓겨 허둥지둥하기 일쑤다. 일을 제때 처리해내지 못해 자주 프로젝트 완수를 미루는 경향이 있다. 마치 하루살이처럼 한 끼 한 끼를 때우는 식으로 시간을 보낸다. 그러면서도 바쁜 척하며 허둥대며 지낸다.

시간을 허비하고 사는 형

45% 이하는 시간을 허비하고 사는 형이다. 한마디로 허송세월하는 사람이다. 자신에게 주어진 시간을 제대로 활용하기는커녕 시간에 대한 관념조차 없어 자기 시간은 물론 남의 시간까지 갉아 먹는다.

2

시간을 세분화하여 관리하라

01 알차게 보내는 하루하루

사람들은 의식하든 의식하지 못 하든 간에 나름대로 시간 계획을 하고 생활한다. 죄를 짓고 감옥에 갇혀 출소하는 날만을 기다리는 죄수가 아니라면, 계획이 없는 삶은 생각조차 할 수 없다. 아침에 일어나면 하루를 계획하고, 일요일이나 월요일에는 한 주간의 계획을 생각하고, 그리고 한 달, 일 년의 단위로 목표하는 무엇인가를 가지고 살아간다.

시간 계획표를 작성하는 좋은 방법 중의 하나는 기존에 나와 있는 기성 제품을 쓰는 것이다. 각종 타임 스케줄러나 프랭클린 플래너 같은 제품을 사용할 수 있다. 따라서 여기에서는 시간 계획표를 작성하는 방법보다는 자신이 원하는 시간 계획표를 작성하는 데에 도움이 될 만한 사항을 알아보고자 한다.

사람은 망각의 동물이다. 가장 중요하고 반드시 해야 할 일은 타임 스케줄에 항상 기록해야 한다. 아침에 일찍 일어나 하루를 계획하듯이, 회사에서 업무를 시작하기 전에 자신이 하는 일을 '반드시 해야 하는 일', '마감일인 일', '준비 과정의 일', '일상적 업무' 등으로 분류하여 리스트를 작성한다.

'반드시 해야만 하는 일'은 대체로 매우 중요한 일이므로, 제대로 마감하지 않으면 심각한 손실이 발생한다. 그리고 나의 업무가 마감되지 않아 타인의 업무에도 지장을 초래할 수 있다. 대체로 신규 제품의 출시나 새로운 마케팅의 수립 등과 같은 실적과 직접적인 연관을 가진 것이 많다.

'마감일인 일'은 반드시 해야 하는 일과 비슷하지만, 입찰이나 서류제출 등 마감시한이 정해진 일이다. 간혹 업무를 진행하다가 마감시간에 임박해서야 마감일인 것을 알고 급히 달려가는 경우가 발생한다. 마감시한을 놓치는 것은 아무것도 하지 않는 것과 같다. 정해진 시간 내에 접수해야 하는 업무는 2~3일 여유 있게 진행하는 것이 바람직하나 타부서와의 조정이나 결재라인에 의해 불가피한 경우도 있다. 그러기에 더욱 마감 전까지 계속 긴장의 끈을 놓을 수가 없다.

'준비 과정의 일'은 하나의 프로젝트를 진행할 때 내부의 타 부서 직원의 협력뿐만 아니라 외부 회사의 협조가 필요한 경우가 많다. 이런 경우에는 자신의 타임스케줄을 작성하고, 그 스케줄에 따라 꼼꼼하게 체크해야 한다. 타부서나 타 회사의 담당자는 자기와 직접적인 연관성이 떨어지기에 주의력이 떨어질 수밖에 없다. 그러므로 그 담당자를 비난하기보다는 격려하면서 자신의 의도대로 일이 진행되도록 노력해야 한다.

'일상적 업무'는 대체로 신규 제품의 출시나 마케팅 계획과는 달리 실적을 관리하거나 평가하는 것으로, 매우 중요한 일은 아니다. 하지만 오늘 하지 않으면 내일에도 귀찮을 일상적인 업무이다. 일상적인 업무를 게을리 하다가 쌓이면 큰 일이 되는 경우가 더러 있다. 특히 하기 싫은 일일수록 빨리 처리하는 것이 좋다. 싫은 일을 오래 붙들고 있으면 짜증만 날 뿐이다. 만약 일상적인 업무를 처리하는 데에 시간이 지체되어 창의적인 활동을 하지 못하게 된다면, 자신의 발전은 그만큼 뒤처지게 된다. 그러므로 일상적 업무는 최대한 효율적으로 처리하도록 자기 나름의 업무 프로세스를 관리해야 한다.

02 일주일 단위의 시간관리

대부분의 사람은 하루 24시간을 대체로 8시간 수면, 8시간 근무, 출퇴근과 식사를 하고 여가시간으로 8시간을 사용한다. 그런데 24시간에서 자신의 능력을 계발하기 위한 시간을 확보하기란 쉽지 않다. 오히려 직장에서의 잦은 잔업이나 회식, 친구들과의 교우를 위한 시간, 가족들과 함께하는 시간 등으로 무척 여유 없는 생활을 한다. 한 달에 한 번 정도 영화나 뮤지컬을 보러가는 기본적인 문화생활조차 어려울 지경이다.

하지만 일주일을 뭉뚱그려 생각한다면 7일이고 168시간이다. 하루하루를 열심히 살아도 24시간이 빠듯하게 느껴지지만, 일주일을 168시간으로 나누어 생각하고 관리한다면 자기계발을 위한 몇 시간은 생각보다 쉽게 확보할 수 있다.

일주일 단위로 시간을 관리하기 위해서는 무엇보다도 자신이 사용하고 있는 시간의 현황을 알아야 한다.

일주일 168시간의 사용현황을 알아보자

1주일의 시간 사용현황을 알아보기 위해 업무, 수면, 출퇴근, 식사, 사람들과의 교류, 운동, 휴식 등의 7가지 항목으로 조사한다. 그리고 일상적으로 사용하는 시간과 자신이 생각하는 이상적인 시간을 나누어 적어 본다.

첫째, 하루의 업무시간과 집중적으로 몰두하는 시간을 체크한다. 그런데 업무에는 일상적이고 관리적인 업무가 있고, 집중적으로 몰입해서 업무하는 시간이 있다.

- 하루 업무시간: 평일 ( )시간 + 주말 ( )시간 = ( )시간/168시간
- 업무에 몰입한 시간: 평일 ( )시간 + 주말 ( )시간 = ( )시간/168시간

둘째, 수면시간을 체크한다. 수면은 숙면과 얕은 잠으로 나누어, 자신의 수면상태를 체크할 필요가 있다. 양질의 잠은 낮 시간 동안의 활동에 큰 영향을 미친다.

- 하루 수면시간: 평일 ( )시간 + 주말 ( )시간 = ( )시간/168시간
- 숙면시간 : 평일 ( )시간 +주말 ( )시간 = ( )시간/168시간

셋째, 출퇴근 시간을 체크한다. 출퇴근 시간을 줄일 수 있는 방법을 생각해본다. 만약 지하철 등의 대중교통을 이용하면 40분이 소요되는데, 사람이 너무 많아 힘들어서 자가용으로 출퇴근하면 1시간이 걸린다고 하자. 이럴 경우에는 좀 더 일찍 일어나 대중교통을 이용하는 경우가 좋을 수도 있다. 출퇴근 시간을 활용할 수 있기 때문이다. 그리고 출퇴근 시간이 너무 길

면 이사도 고려해야 한다.

- 하루 출퇴근시간: 평일 ( )시간 + 주말 ( )시간 = ( )시간/168시간
- 이상적 출퇴근시간: 평일 ( )시간 + 주말 ( )시간 = ( )시간/168시간

네 번째로, 식사시간에 소용된 시간을 파악한다. 건강한 식사야말로 건강한 육체를 만든다. 즐겁고 활기찬 식사시간이 삶의 중요한 부분을 차지하는 것은 분명하다. 덧붙여, 식단도 생각해 보자. 모든 영양소가 골고루 들어있는지는 대단히 중요한 사항이다.

- 하루 식사시간: 평일 ( )시간 + 주말 ( )시간 = ( )시간/168시간
- 이상적 식사시간: 평일 ( )시간 + 주말 ( )시간 = ( )시간/168시간

다섯 번째, 사람들과 대화시간을 확인한다. 저녁회식 또는 친구나 동료들과의 음주 등 업무적으로나 일상적으로 다른 사람들과 만나는 시간을 체크한다. 자신이 생각하기에 지나치게 횟수가 잦거나 시간이 길다면 자제를 해야 한다.

- 하루 대화시간: 평일 ( )시간, 주말 (시간 = ( )시간/168시간
- 이상적 대화시간: 평일 ( )시간, 주말 ( )시간 = ( )시간/168시간

여섯 번째, 운동시간을 체크한다. 마음과 정신을 위한 활동이 공부라면 육체를 위한 배려는 운동이다. 적절한 운동을 해야만 활기찬 생활을 할 수 있다. 만약 적절한 운동을 하지 않아 건강을 해친다면, 회복하기 위해 많은 시간과 비용이 투여된다. 따라서 투자의 개념으로 건강관리를 해야 한다.

- 하루 운동시간: 평일 ( )시간 + 주말 ( )시간 = ( )시간/168시간

- 이상적 운동시간: 평일 ( )시간 + 주말 ( )시간 = ( )시간/168시간

일곱 번째, 텔레비전 시청과 게임 등의 오락시간을 확인한다. 일상적인 스트레스 해소에 필요한 것이기는 하지만 텔레비전 시청이나 게임은 중독성이 있기에 반드시 확인을 해야 한다.

- 하루 오락시간: 평일 ( )시간, 주말 ( )시간 = ( )시간/168시간
- 이상적 오락시간 : 평일 ( )시간, 주말 ( )시간 = ( )시간/168시간

지난 일주일 사용한 시간을 체크해, 그 결과로 일주일 단위의 새로운 시간 계획표를 작성한다. 위의 일곱 가지의 항목을 중심으로 흩어져 있는 시간들을 합쳐 시간 사용현황을 그래프를 작성해보자. 그리고 다음 질문에 답해보자.

- 가장 많이 사용한 시간은?
- 남아 있는 시간이 얼마나 되나?
- 남아 있는 시간은 주로 무엇을 하면서 보냈는가?

168시간을 다시 디자인하자

우리의 일상은 많은 일과 활동으로 늘 바쁘다. 그러면서도 시간이 없어서 못 하는 일이 수없이 많다. 그런데 일주일 단위로 시간을 정리하여 살펴보면 예상외로 비어 있는 시간이 많다는 것을 알게 된다. 어디에도 속하지 않는 어정쩡한 시간과 경계선 상에 놓인 자투리 시간이 상당히 많은 것이다. 좀 더 적극적으로 숨겨진 시간을 찾고자 한다면, 업무의 몰입이나 숙면 등

을 통해서 확보할 수 있는 시간도 있다. 반면에 건강관리를 위한 운동이나 식사에 대해 관심을 갖고, 이 부분에 더 많은 시간을 투자해야겠다는 생각도 갖게 될 것이다.

이제 자신이 생각했던 '이상적인 168시간'을 바탕으로 새로운 168시간의 시간표를 작성해 보자.

03 한 달 주기의 마감은 필요하다

학창시절 공부계획표는 시험을 대비하여 짜거나, 학교나 학원의 학습 진도표에 맞춰 예습과 복습을 중심으로 작성했을 것이다. 직장생활에서는 한 달 주기의 계획이 필요하다. 한 달을 기준으로 급여를 받는 생활을 하기 때문이기도 하지만, 대부분의 업무가 한 달 간격으로 주기적으로 순환하기 때문이다. 물론 연구 직종이나 예술가 집단의 경우에는 다르다.

앞에서 살펴본 일간 계획표와 주간 계획표는 주로 계획한 일의 실천에 주목적이 있다. 하지만 월간 계획표에는 일간, 주간 계획표와는 달리 실천 여부에 따른 평가와 반성이 충분히 기록된다. 우리의 모든 행동은 '계획하고Plan−실천하고Do−평가하는See 연속선상에 있다.

하루하루를 계획한 대로 성실하고 열심히 활동하며, 잠자리에 들기 전에 하루에 대해 간단한 평가를 한다. 하지만 월간 계획에 대한 평가는 철저하게 분석되어야 한다. 특히 매월 25일 전후의 며칠간은 이번 한 달의 성과나 활동에 대해 평가하고 부족한 부분을 보충하는 시기이다. 그러므로 한 달에 대한 평가는 그 달 마지막 날에 하는 것이 아니다. 최소 4~5일 전에 가집계하여, 목표가 이미 초과된 부분은 현상태를 유지하고 목표에 미달된 부분에 집중하여 목표에 근접시켜야 한다.

만약 정확하게 말일에 마감하고 평가한다면, 미처 달성하지 못한 목표에 대한 대책을 세울 수 없고, 다음달 1일부터 시작하는 새로운 계획에 지장을 초래한다. 무엇보다는 계획은 계획 그 자체가 목적이 아니라, 일정한 성과를 내기 위한 것이다. 그래서 월말 마감을 일찍 서둘러 목표치에 최대한 도달하도록 스스로를 독려하는 것이 좋다. 1년의 평가도 12월 이전에 가마감하여 1월부터 새로운 기분으로 출발하는 것도 같은 이유이다. 매월 계획－실천－평가를 꾸준히 실행하면 1년 단위의 계획과 평가 또한 비슷한 방법으로 수행할 수 있다.

자기계발을 위한 독서나 학습을 하는 경우에도 독서장이나 학습노트를 작성하여 월말에 복습하는 기회를 갖는 것이 필요하다. 중요한 부분을 암기하는 방법은 반복학습밖에 없다. 중요한 부분을 완전하게 자기의 것으로 만들기 위해서는 최소 3번 이상은 반복해 학습해야 한다.

04 1년 단위의 목표수립

1년 목표의 수립은 가장 일반적인 장기 계획에 속한다. 개인적으로는 나이가 한 살 더 먹는 기간이고, 업무상으로는 1년 단위로 관리회계 및 세무회계가 이루어지기 때문이다.

1년 단위의 목표는 전년 실적대비 몇 %를 신장시킬 것인가라는 것으로 시작되는 경우가 대부분이다. 경제 상황이 나쁠 경우일지라도 마이너스 성장을 목표로 할 수는 없다는 것이 대부분 회사의 방침이다. 그래서 연말이 다가오면 목표를 관리하는 관리자급은 긴장의 연속이다. 목표에 지나치게 미달하면 올해가 힘들고, 목표를 초과 달성해도 내년도의 목표 설정에 대한 근심이 따르기 마련이다.

회사나 조직은 잘 수립된 계획을 발판으로 구성원의 역량을 최대치로 올린다. 그리고 목표를 수립하는 것은 회사의 비전과 조직관리 그리고 자금관리와 밀접한 관계를 갖는다. 하지만 회사의 조직과 역량을 무시하고 무리하게 설정한 목표는 시작부터 구성원들을 좌절감에 빠지게 할 수도 있다. 예컨대 'Double 2015년'처럼 전년도 대비 2배 성장을 목표로 제시하는 회사도 있다. 의욕만 앞세우는 구호식 목표는 몇 달 지나지 않아 수정 목표를 세워야 하는 상황을 만들 뿐이다.

연간 목표를 작성할 때에는 매출 중심인지, 수익 중심인지를 명확히 구분해야 한다. 대체로 경제 사정이 좋지 않을 때에는 수익 중심의 안정적인 운영을 하고, 경제가 활황기일 때는 매출 중심의 공격적인 운영을 한다. 하지만 회기 중간에 매출이 목표보다 부진하다고 슬그머니 수익을 부각시키는 계획표로 둔갑하는 경우도 있다. 이런 편법은 눈 가리고 아웅하는 것에 불과하다.

목표를 설정할 때에는 달성 가능성의 90~95% 정도에 맞추는 것이 현명한다. 목표 도달에 여러 가지 변수가 있기에 최대한 노력한다면 100%에 근접하거나 초과하겠지만, 만약 돌발 변수에 의해 상황이 나빠지더라도 90%에는 도달할 수 있도록 설정해야 한다. 만약 목표의 70~80% 정도밖에 도달하지 못한다면, 개인의 목표 도딜이 문제가 아니라 신규 제품의 개발이나 자금 흐름에 영향을 끼쳐 회사 명운에 영향을 미칠 수도 있기 때문이다.

05 3년 단위의 목표수립

연말이 되면 서점에는 미래를 예측하는 서적들로 채워진다. ≪2030년 대예측≫, ≪10년 후 미래≫, ≪3년 후 미래≫ 같은 책들이다. 전 세계가 인터넷으로 연결되어 정보가 공유되고, 세계시장이 통합되어 움직이기에 시장의 변화는 더욱 예측하기 힘들어졌다. 사실 요즘처럼 과학이 빠르게 발전하는 시대에는 10년이나 20년 후를 예측하는 것은 쉬운 일이 아니다.

그럼에도 개인적으로나 회사 차원에서의 3년 정도의 계획은 필요하다. 사람은 일반적으로 5년이나 10년처럼 긴 기간에 대해서는 구체적으로 계획하거나 상상하기 힘들지만, 3년 정도는 가능하기 때문이다. 대체로 3년 후를 바라보는 계획에서 1차 년도는 계획과 기본적인 기반을 다지는 기간이다. 2차 년도에는 공격인 활동으로 결과물이 윤곽을 드러내고, 3차 년도에 성과가 나타난다.

회사에서 3년 단위의 목표를 세우는 것은 신규 브랜드의 출시나 새로운 제품의 개발 등과 같은 장기적인 프로젝트를 진행하는 경우이다. 회사의 비전과 직결되고, 장기간 자금이 투자되는 것이다. 그래서 대부분의 경우 개인과 달리 비밀유지에 각별히 주의를 기울이는 경우가 많다. 경쟁사에서의 방해전략이나 비슷한 제품을 먼저 출시하여 김빼기 전략을 구사할 수 있기 때문이다. 회사의 각 부분의 핵심 인사들이 모여 전략기획팀^{TFT}을 구성하여 진행한다.

개인적으로 3년 후의 목표를 수립한다는 것은 3년 후의 모습이 현재보다는 한 단계 성장할 것이라는 전제에서 출발한다. 성장은 시간의 흐름에 의해 자연적으로 이루어지지 않는다. 의지가 요구되고 투자가 필요하다. 물론 이때의 투자에는 금전적인 비용과 시간투자에 따른 기회비용이 포함된다.

그러므로 자신의 장단점을 파악하고 어느 부분에 집중 투자를 할 것인가를 결정해야 한다. 평상시 공부하고자 했던 것을 할 수도 있고, 미래를 위해 새로운 공부를 시작할 수도 있으며, 취미에 집중할 수도 있다. 특별한 경우가 아니라면 자신이 가장 잘할 수 있는 분야, 자신의 강점을 더욱 강화하는 데 투자하는 것이 현명하다. 물론 새로이 공부한 학문이 좋아 새로운 직업을 갖거나, 취미 생활로 하는 공부가 새로운 직업이나 창업으로 연결되는 경우도 적지 않다. 따라서 3년 계획을 세울 때는 여러 가지 상황을 체크하고 결정해야 한다.

일단 3년 후의 목표를 정했다면, 그것에 도달하는 계획을 구체화해야 한다. 말하자면 흔들리는 자신의 마음을 다잡을 수 있는 시스템을 구축하는 것이다. 바쁜 일상에서 자기계발을 위한 시간을 만들고 꾸준히 해나가기 위해서는 수많은 유혹을 극복해야 한다. 가족과의 즐거운 저녁식사나 부서의 회식, 친구들과의 만남 등을 일정 부분은 희생해야 한다.

이런 장기 계획을 세울 때에는 일상을 공유하는 가족이나 가까운 친구나 동료에게 미리 공표하는 것이 좋다. 사람들의 시선이 부담스러워 숨기려는 사람도 있는데, 상당한 시간이 필요한 목표이기에 많은 어려움에 직면하는 일을 하면서 마냥 숨기기는 어렵다. 오히려 미리 공표해서 주위 사람들의 양해와 응원을 받는 것이 장기적으로 도움이 된다.

시간활용 기법

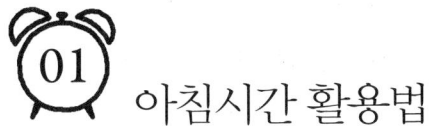

아침시간 활용법

현대인들은 늘 시간이 부족하다. 시험 압박에 시달리는 학생들도, 매일 처리해야 하는 업무와 인관관계 속에서 이중으로 압박받는 비즈니스맨들도 그렇다. 그 부족한 시간을 메우기 위해 자투리 시간이라도 활용하겠다고 결심하지만 쉽지 않다. 업무 중간에 잠깐씩 주어지는 잠시의 틈은 하루 종일 긴장해 있는 몸과 마음을 위해 한숨 돌리는 데 써야 한다. 휴식시간 없이 하루를 보내는 것은 오래 지속할 수 없다. 그렇다고 시간을 전혀 만들 수 없는 것은 아니다. 아침 시간과 출퇴근 시간, 잠자기 전에 30분 정도씩은 얼마든지 낼 수 있다.

세계 유명인 중에는 아침형 인간이 많다. 아침형 인간이 가지는 강점은 늦게 일어나는 사람보다도 강한 긍정적인 마인드를 가진다는 점이다. 서양 철학자 니체는 하루를 인생에 비유하면서 아침을 새 생명의 탄생 시기라고 표현했다. 그만큼 아침의 공기와 햇살은 자연스럽게 사람에게 긍정적인 마인드를 주입한다. 그래서 일찍 일어난 사람은 하루의 일과를 긍정적이고 구체적으로 계획하고 준비하여 하루를 알뜰하게 보낸다.

아침에 30분 일찍 시작하는 것을 다른 사람들보다 단순히 30분 먼저 시작하는 것으로 치부해서는 안 된다. 만약 30분 일찍 집에서 출발하면 회사에 도착하는 시간은 보통 때보다 1시간 가까이 빨라진다. 9시 정각이나 10분 전에 도착하는 것과 1시간 전에 도착하는 것은 상당한 차이가 난다. 회사에 가는 출근길이 덜 복잡해서 스트레스도 덜 받는다. 여유로운 출근길에 마음이 안정되고, 출근 이후 하루 업무에 여유롭게 임할 수 있다. 또 업무시간이 시작되기 전에 신문을 보거나 인터넷 검색을 하는 등 업무 준비에도 여유가 있다.

물론 처음에는 30분 일찍 일어나는 것이 쉬운 일은 아니다. 하지만 일단 한번 시작하면 생각보다 빨리 적응하게 된다. 당장 내일 아침부터 시작해보자. 그래도 걱정이 된다면 2,000년 전 로마의 황제이면서 철학자인 마르쿠스 아우렐리우스의 말이 도움이 될 것이다. 그는 ≪명상록≫에 이렇게 적고 있다.

아침에 일어나기 싫을 때에는 너 자신에게 이렇게 말하라. "나는 인간답게 살기 위해 일어난다." 그것을 위해 내가 세상에 태어난 것이므로, 불평할 이유는 전혀 없다. 내가 이불 속에서 따뜻한 온기를 즐기려고 태어났겠는가.

아침에 30분 일찍 일어나는 것으로 경우에 따라서는 1시간이라는 시간을 만들 수 있다. 이 시간 동안 할 수 있는 일은 많다. 자기계발을 위해 외국어 학습이나 평소 관심을 가진 분야의 책을 읽을 수도 있다. 문학이나 미술 분야에 관심이 있다면 글을 쓰거나 그림을 그릴 수도 있다. 또 건강관리를 위해 아침 운동도 좋다. 트위터 공동 설립자이자 스퀘어 창립자인 잭 도시는 머릿속의 생각을 정리하기 위해 매일 아침 5시 30분에 일어나 10km씩 달린다고 한다.

아침에 일찍 일어나 아무것도 하지 않고 그저 시간을 흘려보낸다면 늦게 일어난 것과 마찬가지이다. 일찍 일어나는 습관을 들여 자신을 위해 꾸준히 투자하면, 그 결과는 예상보다 클 것이다.

02 출퇴근 시간 활용법

　출퇴근 시간을 합하면 얼마나 되는지 생각해보자. 대부분 1시간은 넘을 것이다. 이 시간은 출근을 계속하는 한 피할 수 없이 들여야 하는 시간이다. 그래서 한번쯤은 이 시간을 활용하겠다는 다짐을 해보았을 것이다. 그리고 대부분은 생각처럼 활용하지 못하고 매일 같은 다짐만 반복할 것이다. 실제로 많은 사람들이 피곤하다는 핑계로 졸거나, 스마트 폰으로 드라마나 프로야구 중계를 보며 지루함을 달랜다. 오늘 하루도 어제와 마찬가지로 그렇게 흘러간다.

　그런데 만약 매달 3일 정도의 보너스 시간이 주어진다면 어떨까? 어쩌다 생기는 시간이 아니라 매월 주어지는 시간이다. 처음 얼마간은 빈둥거리며 보낼 수도 있겠지만, 머잖아 시건이 아깝다는 생각을 하면서 계획을 잡기 시작할 것이다.

　출퇴근 시간이 바로 매달 주어지는 3일이다. 출퇴근 시간을 합해 하루 1

시간 정도일 때 그렇다는 말이다. 계산해보자. 주 5일 근무하는 경우, 한 달에 20일 정도 출근하게 된다. 그러면 출퇴근 시간은 1주에 5시간, 1달에 20시간이 된다. 그리고 20시간은 약 3일치의 낮 시간과 같다. 물론 출퇴근 시간이 1시간이 넘는 사람들도 많다. 이것이 바로 시간관리에서 출퇴근 시간에 주목하는 까닭이다.

대중교통 수단을 이용할 경우에는 다양한 방법으로 시간을 활용할 수 있다. 독서나 어학공부도 가능하고, 스마트 폰이나 태블릿PC 등으로 강연을 듣거나 강의 내용을 요약하고 정리할 수도 있다. 전문잡지나 신문기사를 심층적으로 분석하고 체크하는 것도 세계를 폭넓게 바라보는 데 도움을 준다. 그리고 다른 사람들에게 방해되지 않는 범위 내에서 명상하는 것도 가능하다. 정신을 맑게 유지하고 마음을 안정시켜 활기찬 하루를 시작하는 데 유용하다.

만약 자가용으로 출퇴근한다면 오디오를 이용하는 방법이 가능하다. 어학공부를 하거나 오디오북을 듣는 것도 좋다. 또 팝캐스트처럼 음성파일로 제공되는 인터넷 방송을 미리 다운받아 듣는 것도 가능하다. 최근에는 다양한 분야의 팝캐스트가 나오고 있어, 관심 있는 분야의 방송을 찾아 들을 수 있다.

무엇을 하든 가장 중요한 것은 일정한 기간 동안은 한 가지를 꾸준하게 지속해야 한다는 것이다. 출퇴근 시간을 활용한다는 계획은 세웠지만, 닥치는 대로 이것저것을 하다 보면 시간이 지난 후에도 성취감이 커지지 않을 가능성이 높다. 일정 기간 동안은 한 가지를 꾸준하게 실천하여 결과물이 눈에 도드라져 보이면 성취감뿐만 아니라, 다음에 집중해서 할 목표에 대한 자신감도 생기게 된다.

03 잠자기 전 30분 활용법

　저녁식사를 마치고 잠들기 전까지 대부분의 시간은 가족과 보내거나 집안일에 할애할 것이다. 그 외에도 특별히 뭔가를 계획하는 않았지만 습관적으로 하는 일이 있다. 예를 들면, 텔레비전을 본다든지 웹서핑을 한다든지, 게임을 하기도 한다. 무엇을 하든 그날그날 자유롭게 보내는 저녁시간은 무척 중요하다. 하루의 피로를 풀고 그야말로 자유롭게 보내는 시간이 누구에게나 필요하다.

　잠자는 시간도 마찬가지다. 잠을 안 자고 살 수는 없고, 깊고 편안하게 숙면을 취하는 것은 육체적으로나 정신적으로나 반드시 필요하다. 최근 미국의 연구진이 발표한 수면에 대한 연구결과에 따르면, 건강을 위해 가장 적절한 수면시간은 6.5~7시간인 것으로 나타났다. 사람에 따라 편차는 있겠지만 7시간 정도는 잠을 자는 것이 좋다는 것이다.

　잠자기 전에 자투리 시간을 확보하기 위해 저녁시간과 수면시간을 방해할 필요는 없다. 특별한 계획이 있는 경우가 아니라면, 욕심을 내지 않고 잠자기 전 30분 정도의 시간만 마련하면 된다. 특히 수면의 질을 높이면 30분을 확보하는 것이 그다지 어렵지는 않을 것이다.

숙면을 취하는 방법

일반적으로 쉽게 잠을 이루지 못하거나 숙면을 취하지 못하는 것은, 생체리듬이 흐트러졌거나 과도한 스트레스로 인한 불면증인 경우가 대부분이다. 생체리듬은 각 개인이 가지고 있는 생리적 활동의 흐름으로, 한 번 흐트러지면 복귀하는 데 상당한 노력이 필요하다.

최소한 11시에는 잠자리에 들어 숙면을 취하도록 노력해야 한다. 보통 사람은 해가 지고 2~3시간 이내에 잠이 드는 것이 기본적인 생체리듬이다. 그 시간이 지나 11시를 넘기게 되면 다시 정신이 각성이 되어 맑아지기 때문에 쉽게 잠들지 못한다.

수면을 유도하는 방법들은 많이 소개되어 있다. 대표적인 것은 미지근한 우유나 와인을 반 잔 정도 마시는 방법과, 미지근한 물로 가볍게 샤워하는 것이다. 또 잠자리에 누워 양 발끝을 살짝 부딪치는 발끝치기와 같은 가벼운 운동요법도 있다. 중요한 것은 자신에게 맞는 방법을 찾는 것이다.

과도한 스트레스 때문에 쉽게 잠들지 못하는 경우도 있는데, 이런 경우는 정도에 따라 전문가의 도움이 필요할 수도 있다. 심한 경우 심리상담사나 전문의와 상담이 필요하다. 그런 경우가 아니라면, 우선 스트레스의 원인을 찾아보자. 예컨대, 마음의 근심을 가지고 잠자리에 드는 경우라면 근심의 원인을 찾고 그것을 떨쳐버릴 방법을 모색하는 것이다. 다른 사람과의 관계 속에서 생성된 고민과 걱정은 생각으로 해결되는 것이 아니라, 대화와 소통을 통해 해결해야 한다. 잠자리에 들어서는 모든 걱정과 고민은 떨쳐버리고, 일찍 자고 맑은 정신으로 해결책을 찾는 최선인 것이다.

하루의 결과물을 수확하고, 내일을 준비하는 시간

편안하고 자유로운 저녁시간을 보내고 잠자기 전에 마련한 하루 30분은 하루의 활동을 마감하고 내일을 준비하는 시간이다. 모든 일에는 마무리가 있듯이 하루일과에도 매듭을 지어야 할 부분이 있다. 학생들의 경우에는 하루종일 공부한 것을 정리하는 기분으로 다시 한 번 훑어보거나, 암기해야 하는 부분을 반복해서 읽어보는 시간으로 삼을 수 있다. 비즈니스맨이라면 업무상 익힌 기술과 정보를 정리하고, 새로이 학습한 부분을 되새김하는 시간으로 활용할 수 있다. 사람의 뇌는 하루 동인 받아들인 많은 정보를 잠을 잘 때 정리하는 시간을 갖는다고 한다. 그러므로 잠자기 바로 전에 중요한 정보를 한 번 더 주시하면 기억이 더 오래 지속된다.

오늘 하루가 정리되면, 곧바로 내일 무엇을 할 것인지 정리한다. 이때 너무 세세하게 생각해서는 안 된다. 그러면 잠이 달아나기 때문이다. 오늘도 열심히 했듯이 내일도 이런 부분은 꼭 해야겠다는 식으로 마음을 격려하는 정도가 바람직하다.

시간을 늘리는 집중법

01 집중력을 키우는 5가지 방법

　　지금까지 우리는 물리적으로 주어진 시간의 양을 충분히 활용하기 위해, 시간을 관리하고 확보하는 방법에 대해 알아보았다. 하지만 물리적인 시간은 한계가 있다. 누구에게나 하루는 24시간이고, 이것은 아무리 궁리하고 계획해도 바뀌지 않는다. 따라서 시관관리에서 마지막으로 할 일은 확보한 시간을 질적으로 잘 사용하는 방법, 즉 집중하는 방법을 익히는 것이다. 집중해서 하는 일은 산만한 가운데 하는 일에 비해 질이나 양 모두 월등하게 차이가 난다. 이제부터 집중력을 높이는 대표적인 방법 5가지에 대해 알아보자.

　　1. 자율훈련 집중법

　　2. 자기암시 집중법

　　3. 멘탈스크린 집중법

　　4. 목표의식 강화 집중법

　　5. 워킹 집중법

자율훈련 집중법

자율훈련^{Autogene Training} 집중법은 1930년대 독일의 정신과 의사 슐츠^{J. H. Schultz}가 고안한 집중력 훈련법이다. 슐츠는 수면상태가 매우 높은 치유력을 가졌다는 사실을 발견하고, 이를 근거로 최면 유도 감각을 자기 암시의 한 방법으로 응용했다. 현재 이 방법은 정신과 치료에서 상당히 효과적인 방법으로 활용되고 있다.

자율훈련을 위해서는 조용하고 안정된 환경이 필수이다. 훈련에 들어가기 전에 간편한 옷을 입고, 조명은 어둡게 하고 음악은 아예 틀지 않거나 들릴 듯 말 듯 하는 정도로 음량을 조절한다. 눈을 감고 편안한 기분으로 자기 암시에 집중할 수 있도록 분위기를 조성하는 것이다.

환경이 갖춰지면 편안한 자세로 눕거나 의자에 몸을 기대고 앉은 다음, 다음에 나오는 말을 몇 번이고 반복한다. 혼자 하는 것이 자신이 없으면 다른 사람에게 리드해 달라고 부탁해도 좋다.

자율훈련 집중법 연습방법

준비. "기분이 매우 편안하다."

  : 몸이 가라앉는 느낌이 들도록 한다.

1. "팔다리가 무겁다."

  : 전신의 무게를 의식하면서 먼저, '오른팔이 무겁다'로 시작해서 양팔, 양다리가 무겁게 느껴질 때까지 계속한다.

2. "팔다리가 따뜻해진다."

  : '오른팔이 따뜻하다'로 시작하여 양팔, 양다리가 따뜻하다고 느껴질

때까지 계속한다.

3. "편안히 숨을 쉬고 있다"

  : 편안하고 숨 쉬고 있는 상태를 유지할 때까지 계속한다.

4. "심장이 규칙적으로 조용히 뛰고 있다."

  : 심장의 위치에 손을 대고 심장박동이 규칙적이면서도 부드럽다고
  느껴지게 숨을 쉰다.

5. "배가 따뜻하다."

  : 배 위에 찜질팩을 올려놓았다는 기분으로 따뜻함을 느끼도록 한다.

6. "양 볼이 시원해진다."

  : 찬바람이 불고 있다고 상상한다.

7. "다섯을 세면 정신이 맑아진다. 이후에도 집중력은 계속 유지된다."

  : 마지막까지 집중력의 끈을 놓지 않고 지속한다.

각 단계의 암시 내용이 실감 있게 느껴질 때까지 꾸준히 노력하면 집중력이 크게 향상된다. 자율훈련 집중법은 몸과 마음을 단련하여 스트레스가 사라지고 심신의 기능이 향상되게 만들므로, 비즈니스맨뿐만 아니라 수험생에게도 도움이 된다.

자기암시 집중법

일반적으로 가장 많이 사용하는 집중력 단련법이다. 훈련을 여러 번 하지 않아도 누구나 자연스럽게 익힐 수 있고, 시간과 장소에 구애받지 않는다.

인간은 기계나 로봇과 달리 마음과 감정을 가진 생물이라 의지나 사고방식에 많은 영향을 받는다. 어느 스님은 '관세음보살'이라는 말만 하루에도 몇천 번이고 반복한다는 이야기를 들은 적이 있다. 이것은 심리학적으로 '언어에 의한 행동조정'이라고 할 수 있다. 특정 언어가 뇌의 활동을 지배하는 신경회로를 자극함으로써 한 가지 사고에만 빠져들게 만드는 것이다.

말이 갖는 힘은 우리가 생각하는 것보다 크다. "나는 운이 없어서……" 혹은 "이 나이에 무슨……"이라는 말을 자주 하는 사람들은 실제로 아무것도 시작하지 않을 뿐 아니라 무엇인가해도 일이 제대로 진행되지 않는 경우가 많다. 시작도 하기 전에 이미 실패를 하는 것이다. 하지만 "할 수 있어!", "잘될 거야!"라는 말을 입버릇처럼 되뇌면서 긍정적인 생각을 가진다면, 그것을 실현하는 방향으로 행동을 시작하고 결국에는 성공하게 된다.

말만으로 무엇이 바뀌겠냐고 생각할 수도 있다. 하지만 인간은 참으로 묘한 존재라서 여러 번 같은 말을 반복하면서 의지도 생겨난다. 흔히 하는 말처럼 말이 씨앗이 되고, 습관이 사람을 만든다. 마음으로부터 우러나 '집중해야지' 하고 입버릇처럼 이야기하면, 그 말을 듣고 있는 자신이 세뇌당하여 결국 집중할 수 있다는 것이다.

자기암시는 달리 말하면 스스로를 격려하고 북돋우는 것이다. 이런 능력은 사회생활에서도 필요한 요소이기도 하다. 부하직원이 의기소침해 할 때 혹은 아이들이 어떤 일로 낙담할 때 든든한 말 한 마디로 격려하고 북돋우는 리더나 부모야말로 어느 조직에서든 환영받는 존재일 것이다.

"이렇게 한번 생각해 봐. 기회는 얼마든지 있으니까."

이 말은 남에게는 물론 자기 자신에게도 해당된다. 그리고 거꾸로 스스로를 북돋을 수 있다면, 남에게도 그럴 수 있다.

자기암시 집중법의 핵심사항

1. 자기암시의 힘을 활용한다.

2. 생각과 동시에 입버릇처럼 반복함으로써 자신을 세뇌한다.

3. 상황에 관계없이 긍정적인 자세를 유지한다.

멘탈스크린 집중법

멘탈스크린 집중법은 말 그대로 마음속에 영화처럼 움직이는 영상을 만들어냄으로써 집중력을 단련하는 방법이다. 백일몽을 꾸는 것과 비슷하지만, 확고한 목적의식을 가지고 영상을 떠올린다는 점이 다르다. 예를 들어, 운동선수가 훈련을 할 때 실제 시합을 이미지로 떠올려 연습에 활용하는 것과 같다. '상대가 이렇게 나오면 나는 이런 식으로 막아야겠다'는 식으로 연습에 몰두하는 선수들의 마음속은 시뮬레이션을 방불케 하는 영상으로 가득하다.

행동을 구체적으로 이미지화시키는 경우, 이미지의 움직임에 맞추어 대뇌피질의 감각과 운동 뇌파에 변화가 나타난다. 몸은 움직이지 않아도 신체의 각 부분을 관장하는 뇌의 부위가 가짜 영상을 만들어내기 때문이다. 영상이 자주 반복될수록 실제와 같은 상황이 벌어졌을 때의 대응도 빨라진다. 시뮬레이션 운동 연습의 효과는 여기에서 나온다.

스스로 자신의 마음속에 설치한 스크린을 통해 좋아하는 영상을 만드는 것, 이것을 심리학에서는 '멘탈 스크린'이라고 부른다. 이 스크린에 떠우는 영상에 따라 집중력도 얼마든지 조절 가능하다. 프로 골퍼들은 퍼팅을 할 때

볼이 홀컵 안으로 들어가는 장면이 이미지로 만들어지지 않으면 절대로 공을 치지 않는다. '심리 스포츠'라고도 불리는 골프는 집중력의 수준에 따라 성적이 판가름 나는 대표적인 종목이다.

멘탈 스크린을 통해 희망을 이미지화한 영상을 몇 번씩 반복하는 동안 꿈을 향한 욕구는 강렬해지기 마련이다. 머릿속에서 만들어 놓은 시뮬레이션은 현실에서도 힘을 발휘하게 된다는 것이다. 시간과 장소의 제약 없이 집중력을 높일 수 있으므로 회사원이나 수험생은 물론 스포츠맨까지 두루 활용한다.

멘탈 스크린 집중법의 핵심사항

1. 비판적이기보다는 긍정적이고 밝은 이미지를 마음속에 그린다.
2. 그 이미지를 멘탈 스크린 위에 영상으로 떠올린다.
3. 주인공은 내 마음대로 조종한다. 시뮬레이션을 통해 보다 적극적인
   자세로 자아실현을 위해 노력한다.

목표의식 강화 집중법

일할 때 가장 중요한 것은 '기한'이다. 시일이 정해져 있는 일은 그렇지 않은 일보다 더 집중해서 더 빠르게 처리하게 된다. 기한이 임박하면 속도는 더 빨라진다. 신문사나 잡지사의 경우, 일간지나 월간지는 원고 마감 시간이 다가오면 모든 사람들이 최고의 집중력을 발휘한다. 하지만 원고 마감이 정해지지 않은 단행본 도서의 경우에는 아무래도 집중력이 떨어져 출간 날짜

가 늦추어지기 일쑤다.

높이뛰기 선수에게 '지금보다 더 높이 뛰어보라'는 주문만 하면 성적은 제자리를 맴돌 뿐이다. 하지만 지금까지의 팀의 기록과 전국대회 최고 기록, 그리고 세계기록을 차례로 인식시키면 훈련에 임하는 자세가 달라진다. 조금이라도 성적이 오를 때마다 이 같은 과정을 반복하면 선수들은 은연중에 기록을 깨기 위한 노력을 한다.

기한을 정하는 것도 이루어야 하는 목표를 수치로 제시하는 것도 집중력을 높이는 데 도움이 된다. 모든 열쇠는 목표에 달려 있다. 목표를 확실하게 정하면 집중력은 놀랄 만큼 향상된다. 그리고 '할 수 있다'는 의지도 동시에 샘솟는다.

비즈니스맨은 누구나 목표를 가지고 있다. 늘 목표가 수치로 나타나는 영업 부문뿐만 아니라 여러 분야에 응용될 수 있으며, 효과 또한 뛰어나다

목표의식 집중법의 핵심사항

1. 목표를 구체적으로 설정한다.
2. 도달해야 할 최소한의 목표와 기한 등을 구체적인 수치로 나타내면
   효과는 배가된다.

워킹 집중법

'우유를 마시는 사람보다 우유를 배달하는 사람이 더 건강하다'는 말이 있다. 먹는 것만으로는 건강을 담보할 수 없다는 말로, 운동의 중요성을 강조

한다. 하지만 운동은 몸만 건강하게 하는 것이 아니다. 몸을 적당하게 움직이는 것은 뇌 속 전두엽과 해마海馬의 조직세포를 증가시켜 기억력을 좋게 만든다. 더불어 업무로 지친 몸을 회복시키는 동시에 스트레스까지 없애준다. 물론 뇌의 활성화, 집중력 개발에도 효과가 높다.

우리의 몸은 약 400여 개의 근육으로 이루어져 있는데, 약 절반 정도를 움직이는 것을 보통 '전신운동'이라고 부른다. 그런데 걷기의 경우 대퇴근을 비롯한 80%의 근육을 사용한다. 이처럼 많은 근육을 사용하는 것이, 많은 사람들이 걷기가 가장 좋은 운동이라고 말하는 이유이다. 특히 뒤꿈치와 발목은 1시간 운동으로 1만 회 정도 움직인다고 한다. 발은 제2의 심장이라고 불린다. 지속적으로 자극하면 심장 혈관이 튼튼해지고, 몸 전체의 신진대사가 활성화되는 효과를 얻을 수 있다.

또 걷기는 우리 뇌를 젊게 만든다. 우리가 걸음을 내디딜 때마다 엄청난 정보가 뇌로 전달된다. 다리의 움직임, 몸의 전체적인 균형, 노면 상태나 경사도, 주변 상황 등의 정보가 순식간에 뇌에 도달하고, 정보를 받아들인 뇌는 실시간으로 다음 걸음을 안전하게 내딛게 만든다. 걷는 동안, 우리 몸과 뇌 사이에서는 상상할 수 없을 정도로 복잡하고 빠른 신호 교환이 쉴 새 없이 이루어지는 것이다. 바로 이러한 자극과 자극을 통해 일어나는 정보 교환이 뇌를 활성화시키는 주역이다. 그리고 이것은 인지능력이나 기억력에 직접적인 영향을 미친다.

"걷는다는 것은 육체적이기보다 정신적 훈련"이라고 한다. 걷기를 통해 정신적인 능력이 얼마나 향상될 수 있는지를 표현하는 말이다. 그리고 이것이 걷기가 집중력을 훈련하는 한 방법이 될 수 있는 배경이기도 하다.

워킹 집중법은 걷기를 통해 향상된 정신력으로 집중력을 키우는 것으로,

120

누구나 쉽게 할 수 있다. 개인의 체력이나 근육량에 따라 조금 빠르다고 느끼는 속도로 매일 꾸준히 걷기만 하면 된다. 시간은 언제든 상관이 없다. 아침시간이나 저녁시간을 이용해 운동이 되도록 걷는 것도 좋고, 점심시간이나 잠시 짬이 날 때 산책하듯 걸어도 좋다. 단, 온몸에 힘을 뺀 채 터덜터덜 걷는 것은 시간과 상관없이 운동효과가 낮다. 최소 15~20분 동안은 숨이 가쁠 정도로 빠르게 걷는 것이 효과적이다.

워킹 집중법의 핵심사항

1. 조금 빠른 속도로 걷는다.
2. 러닝머신이 아니라 밖에서 걷는다. 다른 사람이나 풍경 등 다양한 자극이 있는 환경이 좋다.
3. 피곤을 느끼면 일간 휴식을 취한다. 쉬는 동안 집중력은 재충전된다.

메모편

Chapter 1. 메모의 기본

01. 메모의 기본조건 | 02. 메모를 쉽게 하는 방법

Chapter 2. 업무효율을 2배 높이는 메모의 기술

01. 평가와 개선의 열쇠 | 02. 활용도를 높이는 메모의 기술 | 03. 메모의 수명을 늘리는 4단계

Chapter 3. 메모가 꼭 필요한 사람

01. 메모를 해야 하는 이유

Chapter 4. 실전 메모

01. 대화 . 인터뷰 메모의 기술 | 02. 강연 . 연수 . 세미나 메모의 기술 | 03. 상담 . 회의 메모의 기술 | 04. 최신 정보 메모의 기술 | 05. 책 . 잡지 메모의 기술

Chapter 1

메모의 기본

01 메모의 기본조건

내가 원하는 것과 정보를 일치시킨다

현대사회는 '정보사회'라 일컬어질 만큼 엄청난 정보를 필요로 한다. '너무 많아서 감당하기 힘들다'라고 말하는 사람도 있지만, 메모를 이용해 정보를 정리하는 습관을 들이면 의외로 많은 도움을 받을 수 있다.

메모는 또한 정보를 다루는 기술이자 동시에 정보의 바다에서 살아남도록 도와주는 구명보트이다. 그러나 모든 정보를 무작정 정리하려고 드는 것은 어리석다. 우선 '자신이 추구하는 목적에 맞는 정보'를 선별해야 한다. 내가 원하는 정보를 요약과 생략, 압축과정을 거쳐 가공하는 것이야말로 효율적인 메모습관이라 할 수 있다.

이미 메모하는 습관을 가지고 있더라도 그 메모가 자신의 정보욕구와 목표에 얼마나 부합되는지 객관적으로 살펴볼 필요가 있다.

창조적으로 메모한다

메모하는 이유는 대략 세 가지로 정리해볼 수 있다.

첫째, 잊어버리지 않기 위해서.

둘째, 정확한 기록을 남기기 위해서.

셋째, 새로운 아이디어를 짜내기 위해서.

'메모'하면 맨 먼저 떠올리는 것은 아무래도 첫 번째와 두 번째일 것이다. 사실 이 두 가지는 메모의 가장 중요한 목적이기도하다. 하지만 이것으로 끝나버린다면 메모의 효과를 극대화시키지 못한다.

메모의 장점을 보다 장기적으로 누리기 위해서는 그 속에서 새로운 업무나 경영방식을 이끌어내야 한다. 다시 말해 메모의 효과를 극대화시키기 위해서는 창의적 메모 Creative Memo 로 가공할 필요가 있다.

창의적 메모는 지금까지의 기록을 토대로 객관적인 평가를 내리고 장점과 단점을 보완할 수 있는 새로운 기획을 만들어내도록 메모하는 방식이다. 창의적으로 메모하는 방법에 대해서는 뒤에 자세히 설명하겠다.

여기에서는 이 사실을 기억하자. 아이디어를 짜내기 위해 관련도서나 인터넷을 뒤지는 것보다 오히려 손때 묻은 메모장을 훑어보는 것이 더 효과적일 수도 있다는 것이다. 평소 자신의 업무 스타일과 진행과정이 고스란히 담겨 있는 메모야말로 그 어떤 자료보다도 믿을 수 있는 '정보의 보고'이기 때문이다.

행동으로 연결시킨다

유용하고 이상적인 메모란 다음 세 가지 조건을 갖추어야 한다.

첫째, 많은 양의 정보를 요약해서 정리한다(압축성).

둘째, 업무목적과 정확하게 일치한다(일체성).

셋째, 행동으로 옮겨 좋은 결과를 얻는다(행동효과).

메모에 대한 평가는 이 조건들을 얼마나 충족시키는지에 따라 결정됩니다.

● 메모의 가치 = 압축성 + 일체성 + 행동효과

좋은 메모란 이 공식을 최대한 만족시키는 결과를 말한다. 각 요소의 비중을 볼 때 압축성을 1이라고 한다면, 일체성은 그 2배인 2, 행동효과는 3이라고 할 수 있다.

메모를 쉽게 하는 방법

메모를 방해하는 세 가지 버릇

메모를 하고 싶지만 쉽게 행동으로 옮길 수 없는 이유는 말로 모든 일을 처리하던 습관이 몸에 밴 탓이다. 글보다는 아무래도 말로 하는 편이 쉽고 빠르게 느껴진다. 다음은 메모를 하지 않는 사람에게서 흔히 볼 수 있는 습관이다. 세 가지 항목 중에서 나에게 해당되는 것이 무엇인지 생각해 보자.

① 상대방의 이야기에 심취한다.

이야기에 지나치게 집중하거나 분위기를 위해 맞장구를 치다 보면 메모는 거의 불가능하다. 그렇다고 해서 상대의 얼굴을 쳐다보지 않은 채 메모에만 열중할 수도 없는 노릇이다. 이런 경우에는 이야기를 들으면서 1분, 혹은 5분 간격으로 한꺼번에 메모한다.

② 상대방에게 시선을 고정시킨다.

대화시간 내내 상대의 얼굴이나 입 등에 시선을 두는 경우이다. 상대가 이야기할 때 다른 곳을 쳐다보며 딴청을 하는 것은 실례가 된다. 하지만 예의에 벗어나지 않으려고 시선을 의식적으로 한 곳에만 고정시키면 오히려 상대방도 어색해한다. 적당히 반응을 살피면서 메모하는 센스가 필요하다.

③ 무엇을 써야 할지 모른다.

노트를 꺼냈지만 막상 무엇을 메모해야 할지 모르는 경우가 있다. 이 문제는 가장 중요한 부분이므로 이후에 자세하게 다루도록 하겠다.

세 가지 모두에 해당되는 사람은 메모하는 습관을 익히기가 쉽지 않을 것이다. 처음부터 완벽한 메모를 하려고 하기보다는 우선 손을 움직이는 연습부터 시작해보자. 쓸데없는 낙서라도 종이에다 끄적거리다 보면 메모하는 일이 훨씬 자연스럽게 느껴질 것이다.

무엇을 메모할 것인가?

메모하기 전에 우선 상대방 이야기 중에서 무엇을 어떻게 쓸 것인지 생각해야 한다. 전체 대화 내용을 100%라고 했을 때 과연 몇 퍼센트를 메모할지 미리 정해놓는 것도 필요하다. 어차피 한 글자도 빠짐없이 받아 적는 일은 불가능하다. 중요한 것은 포인트를 놓치지 않는 것이다.

처음 시작할 때는 메모의 비율을 1퍼센트 정도로 정하고, 점차 늘여 나간다. 평소 컴퓨터만 사용하는 사람은 필기 속도가 눈에 띄게 느린 경우가 있는데, 자신만의 필체를 연습하여 빠르면서도 알아보기 쉽게 쓰는 법을 터득해야 한다. '무엇을 메모해야 하는가?'는 다음 여덟 가지 기준을 적용하면 편리하다.

① 명사를 기록한다.

대화 속에 등장하는 명사만 적는다. 즉 회사 이름, 제품 이름, 담당자 이름 등만 메모하는 것이다. 중요한 프로젝트일수록 명사가 중요하므로 빠짐없이 기록한다. 글씨 쓰는 속도가 느린 경우에는 첫 글자만 써놓은 다음 나중에 덧붙이는 것도 방법이다.

② 숫자를 기록한다.

업무에서는 수치가 매우 중요하다. 단, 헷갈리지 않도록 숫자 앞에는 그것이 무엇을 나타내는 것인지 반드시 표시한다. 예를 들면, 성장률 30% , 마진율 15% 등이다.

③ 찬반 의견을 중심으로 기록한다.

프로젝트를 진행하다 보면 누가 무엇에 찬성하고 반대했는지 혹은 중립적인 입장을 취했는지 나타나게 마련이다. 메모할 때는 각각의 입장이나 의견 당사자의 이름 등을 요약하여 적어놓는다.

④ 흐름에 따라 기록한다.

화살표 등을 사용하여 대화의 흐름을 나타내는 것이다. 어느 부분에서 의견이 갈렸는지 혹은 전환점이 된 계기가 무엇인지 중점적으로 메모한다.

⑤ 키워드를 중심으로 기록한다.

상대를 만나기 전에 자신이 중요시하는 것이 무엇인지 중심 주제를 정해놓는다. 키워드는 물론 그와 관련된 사항과 반대말 등을 적는다. 이런 방법은 대화 주제가 다른 곳으로 흐르는 것을 방지할 뿐만 아니라 관심사에 대해보다 심도 있게 논할 수 있다는 장점이 있다.

⑥ 의외의 사실을 기록한다.

상대의 이야기나 회의 때 나온 의견 중에서 미처 예상하지 못했던 것도 메모해야 한다. 찬성 의견보다는 반대 의견을 주로 기록하다 보면 프로젝트의 문제점이 무엇인지 쉽게 드러난다.

⑦ 감정을 기록한다.

감명 깊었던 말이나 성공담 등을 메모한다. 대화가 끝난 후 정리와 함께몇 번이고 반복해서 읽으면서 참고로 삼는 것이 좋다.

⑧ 여러 방식을 섞어서 사용한다.

위의 일곱 가지 방식을 적절하게 혼합해 사용한다. 예를 들어, 대화의 흐름에 따라 메모하면서 명사나 숫자를 중심으로 혹은 키워드를 중심으로 기록한다. 때와 장소, 상황에 따라 방식을 다양하게 변화시킨다.

메모하는 방법은 다양하지만, 기본적으로 메모는 자신의 관점에 따르는것이 가장 중요하다. 왜냐하면 뚜렷한 주관 없이 기록한 메모는 업무에 아무런 도움도 되지 않기 때문이다.

기호를 사용해 메모 속도를 높인다

메모 속도가를 높이기 위해서는 자신만의 속기 문자를 정해 사용하거나, 문장 기호나 수학 기호 등을 적절히 사용하는 것이 좋다. 원래 기호가 가진 의미를 활용하거나 나만의 의미를 부여함으로써 긴 단어나 문장을 대신한다. 예컨대 다음 표처럼 의미를 정할 수 있다.

기호표

?	이유가 무엇일까	!	대책은 다음과 같음
#	번호 혹은 순서	*	특히 중요함
=	같은 방법으로 할 것	&	그밖에 다른 일도 있음
〈	오른쪽에 쓴 것이 더 중요함	〉	왼쪽에 쓴 것이 더 중요함
[	여기서부터 다른 화제임	]	여기까지 마무리
↑	상승, 증가, 호조	↓	강, 감소, 저하
≠	같지 않음	×	나쁨 최악 최저 단점
∴	따라서	∵	왜냐하면
☆	성공 성공사례	★	실패사례
↔	서로 영향을 줌	※	평가 좋고 나쁨에 대한 판단
∋	통일 요약 종합	∈	구분 분류 분할 분산
◎	매우 좋음, 최고	○	좋음, 바람직함, 장점
□	중간정도, 평균	△	그저 그런, 좋지 않은

기호를 적절히 활용하려면 '기호일람표'를 만들어 벽에 붙여 놓거나 파일에 넣어 책상 앞에 꽂아둔다. 익숙해질 때까지 작게 만든 일람표를 지갑에 넣고 다니는 방법도 효과적이다.능숙하게 사용하기까지 다소 시간이 걸리더라도 쉽게 포기해서는 안 된다. 이미 사용하고 있거나 쉽게 기억할 수 있는 기호부터 메모에 활용하면서 점차적으로 범위를 늘려가는 것이 바람직하다.

그리고 앞서 소개한 기호 이외에 필요한 것이 있으면 직접 만들어보자. 기호를 많이 사용할수록 메모의 속도가 점점 더 빨라져 능동적인 메모가 가능해진다.

메모가 꼭 필요한 사람

 메모를 해야 하는 이유

메모는 일반적으로는 나중에 다시 기억해낼 수 있도록 단어나 짧은 문장 혹은 숫자를 남기는 것을 의미한다. 개인적인 경험으로 미루어 볼 때 메모를 하지 않을 경우 다음 세 가지 정도의 손해를 볼 수 있다.

- 기록하지 않으면 잊어버리기 쉽다. (망각에 의한 손해)
- 기록하지 않으면 혼동하기 쉽다. (착각에 의한 손해)
- 기억만으로는 상세한 내용을 알 수 없다. (단편적인 사고에 의한 손해)

기억은 결코 완벽하지 않다

우선 메모를 하지 않았을 때 '잊어버리는 것'에 대해 구체적으로 설명해자. 최초 기억된 정보를 100이라고 했을 때, 시간이 경과됨에 따라 정보가 손실되는 정도는 다음과 같다.

- 30분이 지나면 40%를 잊어버린다. - 60% 기억
- 하루가 지나면 60%를 잊어버린다. - 40% 기억
- 3일이 지나면 75%를 잊어버린다. - 25% 기억
- 한 달이 지나면 79%를 잊어버린다. - 21% 기억

이것은 독일의 심리학자 에빙하우스Ebbinghaus가 발표한 '망각곡선'의 연구에 따른 결과이다. 에빙하우스의 연구는 결과를 숫자로 나타낼 수 있도록 고안된 것으로, 기억의 메커니즘에 대해 보다 객관적이고 과학적인 결과를 도출해냈다.

에빙하우스의 기억곡선이 보여주는 대로 그저 자신의 기억력에만 의지할 경우 시간이 흐르면 점차 잊어버리게 된다. 게다가 당시의 주변 환경이나 컨디션에 따라 기억력에는 많은 차이가 생길 수밖에 없다. 그러므로 대부분의 경우 기록을 남기지 않는다면 최초의 기억으로 완벽하게 되돌리기란 어려운 일이나. 이때 메모를 활용한다면 결과는 어떻게 변할까? 당연히 정보를 100퍼센트 저장할 수 있다.

중요한 일은 반드시 메모를 통해 '기억'해낸다

기억의 불확실성을 극복하는 데 메모만큼 유용한 도구도 없다. 그런데 메모 자체를 싫어하는 사람도 있다. 그럴 경우 자신의 두뇌 속에 저장된 기억을 '내부기억', 메모장에 써놓은 내용을 '외부기억'이라고 생각해보면 어떨까.

컴퓨터를 생각해보면 좀 더 이해가 빠를 것이다. 컴퓨터 속에 내장되어 있는 하드디스크는 모든 자료와 정보를 저장하는 데 쓴다. 그런데 입력되어 있는 자료의 양이 하드디스크의 용량을 초과하게 되면 외장하드를 연결하여 쓰게 된다. 말하자면 하드디스크가 우리의 실제 뇌이고 메모는 제2의 두뇌, 즉 외장 하드디스크가 되는 셈이다. 메모장을 성능 좋은 '외부기억장치' 정도로 생각한다면 메모에 대한 거부감도 다소나마 줄어들게 될 것이다.

어떤 사람들은 '잊어버리지 않으려고 메모를 해두었는데 어디에 두었는지 몰라 난감했다'고 하소연하기도 한다. 종이 한 장에 메모를 남겨 그것을 집이나 사무실 어딘가에 두었다면 쉽게 잊어버릴 수 있다. 그러므로 기본적으로 메모를 모아 두는 장소는 한 곳으로 정하거나 자신이 좋아하는 디자인의 메모장을 따로 만들어 쓰면 이런 문제는 어렵지 않게 해결할 수 있다.

혼동하거나 실수하는 일이 줄어든다

메모하지 않는 사람의 두 번째 손실은 '착각'이다. 우리 모두는 숫자나 사람 이름, 약속 등을 잘못 알고 실수를 저지른 경험을 갖고 있다. 나 역시 예전에는 메모를 하지 않았다. 기억력이라면 어느 정도 자신하고 있었던 터라 그 때문에 문제가 생기리라고는 생각지도 않았다.

그런데 거래처가 많아지고 업무량이 늘어나면서 거래처나 거래처 사람의 이름이 헷갈리기 시작했다. 사실 상대방의 이름을 잘못 부르는 일은 대단한 실수이다. 상대의 기분을 상하게 할 뿐만 아니라 업무적인 면에서도 신용을 떨어뜨리는 원인이 될 수 있다.

실수가 여러 번 반복되자, 심지어는 상대가 인사를 마치자마자 "제 이름은 ○○○입니다" 하고 정정한 적도 있었다. 기억력만을 믿고 비슷한 다른 이름을 부른 결과였다.

그 후부터 나는 명함을 받자마자 메모를 하거나 상담이 끝난 직후에 에피소드나 첫인상 등을 정리하려고 노력했다. 엄청난 실수 후에 메모의 필요성을 깨닫게 된 것이 유감이긴 하지만, 그 후로는 메모 덕분에 일과생활에 활력이 생겼다.

기억만으로는 생각할 시간이 부족하다

메모를 하지 않는 사람의 세 번째 손실은 '단편적인 사고'이다. 이것은 앞서 밝힌 망각과 착각을 포함한 세 가지 손실 가운데 개인에게 미치는 영향이 가장 크다. 인간의 두뇌는 한 번에 기억할 수 있는 용량이 정해져 있다. 따라서 여러 가지 잡다한 일로 머리가 복잡할 때는 아무리 새로운 정보를 입력하려 해도 아예 불가능하거나 일부만이 저장된다.

만일 무슨 일이든 머릿속에 계속 입력시키려고만 한다면 어떻게 될까? 당연히 뇌 속의 기억을 담당하는 부분은 발달하게 되고 생각하는 뇌의 기능은 점차 줄어들게 된다. 생각 즉 사고를 관장하는 뇌의 일부분이 작아지면 자연스럽게 두뇌 회전이 느려지고 생각의 폭도 좁아진다. 물론 새로운 아이디어가 떠오르지 않는 것은 당연하다.

최근에도 인간의 기억 용량에는 한계가 있다든가, 외우는 데만 의존하는 바람에 스스로 생각하고 깨우치는 능력이 사라지고 있다는 연구결과가 발표된 적이 있다. 개인의 개성과 능력, 창조성이 중요시되고 있는 현대 사회에서사고력은 매우 중요한 능력이다. 사소한 일들을 기억하느라 그것을 포기할 수는 없는 노릇이다.

메모는 창조형 인간으로 만든다

그렇다면 머릿속에 기억하고 있는 것들의 양을 줄이려면 어떻게 해야 할까? 가장 좋은 방법은 역시 메모를 하는 것이다. 메모하는 습관만 익힌다면 굳이 기억하고 있을 필요가 없다. 자연스럽게 머릿속에 남는 것이야 어쩔 수 없겠지만 잡다한 일들은 굳이 뇌에 담고 있지 않아도 된다. 뇌에 여유 공간이 늘어나면 그만큼 발전적이고 창조적인 생각에 몰두할 수 있다.

컴퓨터를 한동안 사용하다 보면 작동이 느려지곤 하는데, 이와 같은 현상은 메모리 속에 버려야 할 데이터가 너무 많이 쌓여 있을 때 나타난다. 이상이 느껴질 때마다 하드디스크를 체크하고 정리하는 과정을 반복하면 컴퓨터는 제 기능을 다할 수 있다. 마찬가지로 우리의 뇌 역시 늘 체계적이고 여유 있게 유지할 필요가 있다.

메모를 통해 기억과 사고의 비율을 적절하게 유지하는 습관이 비즈니스를 성공으로 이끄는 원동력으로 작용하는 셈이다.

업무효율을 2배 높이는
메모의 기술

01 평가와 개선의 열쇠

쓸모 있는 메모인가?

이번 장에서는 메모를 쓸모 있게 하는 방법에 대해 알아보겠다. 본론으로 들어가기 전에 다음 세 가지 질문에 대답해보자.

- 자신의 메모가 어느 정도 가치가 있다고 생각하는가?
- 가치를 따진다면 높은 편인가, 낮은 편인가?
- 메모의 가치는 어떻게 평가하는가?

메모의 중요성에 관해서는 이미 밝혔다. 그러나 그 정도로는 부족하다. 사실 자신의 메모를 평가한다는 것은 쉽지 않은 일이다. 서점에 나와 있는 메모 관련 책들을 뒤져보았지만 메모의 가치를 판단하는 내용은 없었다.

메모의 평가에 대해 강조하는 이유는 간단하다. 메모의 좋고 나쁨을 알지 못하고는 좋은 메모 자체가 불가능하기 때문이다. 게다가 메모 방법을 개선하려고 해도 정작 그 방법을 모르는 사람이 의외로 많다. 아무 근거도 없이 여러 방법을 전전하다가 다시 기존의 방법으로 돌아오는 악순환이 반복되는 것도 자신의 메모에서 무엇이 부족한지 깨닫지 못하는 탓이다.

메모하는 습관을 갖게 된 것에 만족할 게 아니라 좀 더 나은 결과를 위해 다양한 궁리가 필요하다. 무엇보다도 메모의 가치를 확실하게 판단할 수만 있다면 좋은 메모가 가능해지고, 결국 업무에도 많은 도움이 될 것이다.

자신의 메모에 대한 평가와 개선을 위한 다섯 가지 포인트를 다음과 같다. 우선 다음 다섯 가지 기준으로 자신의 메모를 평가해보자.

① 정보의 깊이
② 표현방법의 다양성
③ 개성의 반영
④ 미래적인 사고
⑤ 시간관념

정보를 다루는 데도 단계가 있다

정보를 중심으로 메모하는 경우, 그 정보에 대한 깊이 있는 이해가 매우 중요하다. 정보를 분석하고 대책을 세우고 효과를 얻으려면 깊이 있는 이해가 선행되어야 한다. 자신의 메모가 다음 어떤 항목에 충실한지 체크해보자.

- 사실을 기록한다: 사실 이외에는 메모하지 않는다. 들은 것과 대화에 등장했던 주제를 중점적으로 적는다.

- 분석을 덧붙인다: 사실을 기초로 분석하고 정보 속에 숨은 가치를 끌어 낸다. 예를 들면 상대의 이야기 속에서 그의 의도를 파악하는 것이다.
- 분석한 내용을 평가한다: 자신이 한 분석에 대해 스스로 평가를 내린다. 메모가 자신에게 어느 정도 유용한 자료가 될 것인지 평가하는 것이다.
- 대책을 세운다: 현실적인 대책까지 세워 놓는다. 행동으로 옮기기 위해서는 필수과정이다.
- 효과를 얻는다: 자신이 세운 대책이 어떤 효과가 있을 것인지에 대해서도 예상해본다.

다양한 표현 방식을 사용한다

표현이 얼마나 다양한지를 확인하는 지표는 다음 열 가지 항목이다. 열 가지 중에 과연 몇 가지나 자신의 메모 안에 들어 있는지 체크해보자.

① 문장 　　② 숫자 　　③ 기호 　　④ 표
⑤ 그래프 　　⑥ 그림 　　⑦ 애니메이션 　　⑧ 소리
⑨ 음성 　　⑩ 음악

개성을 살린다

개성이란 자신의 인격 자체를 의미한다. 메모한 내용 안에 자신의 캐릭터가 얼마나 반영되어 있는지 그 정도에 따라 메모의 가치도 달라진다. 다음의 항목을 기준으로 체크해 보자.

- 기존에 알고 있는 지식을 적는다: 평소 알고 있던 지식을 메모에 사용한다. 알지 못 하는 사실은 기록할 수 없으므로 개인의 지적 수준에 따라 메모 양의 편차가 커진다.

- 능력을 발휘한다: 지식과 함께 자신이 가진 능력을 활용한다. 예를 들면 통찰력이나 설득력을 발휘하여 작성된 메모를 말한다.

- 성격적인 특성을 반영한다: 자신의 성격(예를 들면 세밀하거나 꼼꼼한 성격)을 살려 어려운 일을 해냈을 때 메모의 가치는 훨씬 더 높아진다. 지식과 능력을 갖추었다고 해도 비관적인 사고방식을 가지고 있다면 질 낮은 메모밖에는 쓸 수 없을 것이다.

- 의욕을 드러낸다: '하고 싶다'는 의욕이 메모 속에 그대로 반영되어 있다. 이런 메모는 자신의 능력이 한계에 부딪히지 않도록 북돋아준다.

- 강한 의지가 담겨 있다: 어떠한 일에도 굴하지 않으려는 의지가 돋보이는 메모이다. 한 문장 한 문장마다 자신의 소신이 배어 있다.

정보수집과 계획을 동시에 해결한다

자신의 메모에 미래에 대한 비전이 어느 정도 포함되어 있는지를 평가하는 것이다.

- 행동단계: 전화 메모와 같이 그 순간만 생각하고 쓰는 메모를 말한다.
- 관리단계: 행동의 좋고 나쁨을 체크하고 수정하는 메모. 가공한다는 점 때문에 행동단계보다 2배의 점수를 줄 수 있는 단계이다.

- 계획단계: 계획을 세우는 메모. 목표와 수단, 확률, 진행 상황 등이 들어 있다. 메모를 정리하는 데서 한 걸음 더 나아가 앞으로의 스케줄까지 계획한다.
- 전략단계: 계획에서 한 걸음 더 나아가 업무의 흐름을 예상한 메모. 전략이 들어 있어 높은 업무성과를 기대할 수 있다.
- 비전을 갖는 단계: 업무상 문제점만 찾아내려는 사람에게는 비전을 생각할 만한 여유가 없다. 현재의 상황에서 이루어질 확률이 거의 0퍼센트에 가까운 일에도 끝까지 희망을 잃지 않는 태도가 중요하다. 메모에서 꿈을 엿볼 수 있다면 그것이야말로 최고의 메모라 할 수 있다.
여기서 '꿈'이 아닌 '비전'이라는 단어를 사용한 것은 비전 안에는 앞서 밝힌 전략과 계획관리, 행동단계가 모두 포함되어 있기 때문이다. 기초공사도 없이 비전만 가지고 있다면 그것은 말 그대로 한낱 꿈에 불과하다.

시간관념을 반영한다

메모를 통해 시간을 어떻게 사용하는지 판단할 수 있다. 시간에는 길이(길고 짧음), 질(역할의 많고 적음), 느낌(강하거나 약한 의지), 깊이(만족을 느끼는지 여부), 눈(비전의 유무), 공헌도(다른 사람에게 도움이 되는지 여부) 등 여섯 가지의 차원이 존재한다.

사실 대부분의 사람들은 시간의 길이에만 연연해한다. 그런 사람들은 자연히 일의 폭이 좁을 수밖에 없고 메모 또한 가치가 낮다. 반면 시간을 유용하게 사용하는 사람일수록 다양한 시각으로 일할 줄 안다. 그만큼 일에 대한 만족도가 높다.

미래를 바라보는 사람(비전을 가진 사람), 다른 사람에게 도움을 주는 사람들의 메모는 가치가 높다. 반면 자기중심적이며 한치 앞의 일에만 매달리는 사람은 단순한 기록에 그치는 경우가 많다. 어찌 보면 이것은 업무 스타일뿐만 아니라 평소 자신의 라이프스타일의 문제일 수도 있다. 정해진 시간을 어떻게 효율적으로 활용하고, 짧은 메모 안에 자신을 얼마나 반영하는지의 정도에 따라 결과는 엄청나게 달라질 수 있다.

평가결과에 주목하라

앞서 다섯 가지 주제에 따라 체크하면 자신의 메모에 대한 가치를 판단할수 있다. 예를 들어, 사실을 문장으로만 기록하고, 자신이 가진 지식에 의지하며, 시간의 길이에 연연하면서 행동으로 옮긴다면 비교적 낮은 수준의 메모이다. 최고의 메모란 효과를 읽을 수 있는 단계로서 모든 표현 수단을 이용하고 자신의 의지를 반영한 것이다. 물론 미래에 대한 비전과 시간적인 요소까지 두루 갖추고 있어야 한다.

이처럼 자기가 기록한 메모의 가치를 판단하고 나면, 그 가치를 더욱 높이는 방법에 대해서도 생각하게 된다. 메모의 가치를 높일수록 효과도 함께 높아지는 것이다.

146

02 활용도를 높이는 메모의 기술

아무리 꼼꼼하게 정리한 메모라 할지라도 업무에 활용할 수 없다면 아무 의미가 없다. 그러므로 단순히 상대방 이야기를 고스란히 옮겨 적는 식의 메모는 아무런 가치가 없다. 상대방이 자신의 의도대로 이야기한다는 보장도 없으므로 무작정 듣기만 해서는 포인트를 제대로 집어낼 수 없다. 더욱이 상대의 이야기가 극히 표면적일 경우에는 구체적인 내용까지 접근하기가 어렵다. 이런 단점을 극복하는 데에는 다음과 같은 방법이 도움이 될 것이다.

- 7W 2H 원칙을 지킨다.
- 숫자를 활용한다.
- 고유명사는 해설을 달아 의미를 확실히 한다.
- 메모의 종류를 늘린다.
- 메모 후에는 대책을 세운다.
- 머릿속에 그림을 떠올린다.

‘7W 2H’ 원칙에 따른다

‘7W 2H’ 원칙이란 구체적으로 상황을 파악하는 데 필요한 아홉 가지 질문을 말한다. 엄밀하게 말하면 육하원칙의 발전된 스타일이라고 할 수 있는데, 이것은 업무의 문제점을 밝히는 데 기본적인 조건이기도 하다.

① 누가 작성한 것인가? – 누가 누구에게 한 일인가?

② 언제인가? – 기한이 정해져 있다면 마감일은 언제인가?

③ 장소는 어디인가? – 회사 혹은 부서나 팀의 이름은 무엇인가?

④ 무슨 일에 관한 것인가?

⑤ 어떻게 할 것인가?

⑥ 이유 혹은 동기가 무엇인가?

⑦ 어느 정도인가?

⑧ 결과는 어떤가?

⑨ 앞으로 어떻게 될 것인가?

상대방 이야기에 위의 아홉 가지 항목 중 어느 한 가지가 빠져 있다면 반드시 그 자리에서 확인해야 한다. 상대의 대답이 의미파악이 어려울 정도로 애매하다면 같은 질문을 되풀이하여 확실히 밝혀야 한다. 예를 들면 이유를 물었을 때 납득하기 어려운 대답이 돌아왔다면 여러 번 질문을 반복함으로써 자신이 원하는 대답을 이끌어내야 한다.

숫자를 활용한다

상대방 이야기에서 숫자가 등장하면 바로 체크하라. 물론 숫자가 아예 거론되지 않을 때도 있을 것이다. 만일 상대방으로부터 "작년 매출은 조금 올랐다"는 말을 들었다면, "몇 퍼센트나 올랐습니까?" 하고 되물을 필요가 있다. 숫자로 나타낼 수 있는 것은 정확하지 않으면 아무 의미가 없다. 따라서 대화에서 숫자로 표기할 수 있는 것은 반드시 구체적인 수치를 기록한다.

고유명사를 사용한다

'이, 그, 저'와 같은 지시대명사를 사용하면 메모의 내용이 자칫 막연해지기 쉽다. 뿐만 아니라 "앞서 말씀드렸던 사안 때문에……" 혹은 "라이벌 회사의 공격으로……" 혹은 "윗분께 말씀드렸는데……"와 같이 대상을 뚜렷하게 드러내지 않고 말하는 경우가 의외로 많다. 이런 경우 애매한 상태로 기록을 남기지 말고 고유명사를 사용하여 구체적으로 특정한 사람이나 회사, 제품의 이름을 명시하는 것이 바람직하다.

다양한 방법으로 표현한다

이야기의 주제가 그다지 중요하지 않다면 문장만으로 된 메모로도 충분하다. 그러나 가끔씩은 '어딘가 부족하다'는 느낌이 들 때가 있다. 이런 경우에는 그림이나 도표, 그래프, 소리, 음성, 음악 등의 방법을 동원하여 메모의 구체성을 높인다.

사실을 기초로 대책을 세운다

일반적으로 메모의 내용은 사실과 목적, 분석, 평가, 대책, 효과로 분류할 수 있다. 단순히 사실만 기록해서는 메모의 가치가 낮을 수밖에 없다. 사실이 정확하다 할지라도 뚜렷한 목적 없이 사건만 나열한 것으로는 정리단계에서 해석하기가 힘들 뿐만 아니라 혼란의 여지가 높다.

그러므로 정확한 사실에 자신만의 분석을 더하여 메모의 가치를 높이자. 여기에 객관적인 평가를 거친다면 자연히 대책을 세울 수 있을 것이고, 그에 따른 효과를 예상하는 일까지 가능해진다.

심리적인 변화를 반영시킨다

표면적인 사실만으로 메모를 작성하다 보면 상대의 심리적인 변화를 알 수 없을 때가 많다. 모든 교섭과 설득이 상대에 대한 이해에서 출발한다는 점을 감안하면 질문을 선택할 때도 반드시 염두에 두어야 할 것이 있다.

- 상대의 마음을 반영시킨 질문인가.
  예: "어떤 느낌이셨습니까?", "이런 날은 기분이 어떠세요?"

- 마음의 움직임 정도를 확인하기 위한 질문인가.

  예: "지난 3년 동안 가장 기뻤던 적은 언제입니까?"

  "이 문제로 가장 괴로웠던 점은 무엇입니까?"

- 상대방 마음속까지 꿰뚫어 볼 수 있는 질문인가.

  예: "별로 내키지 않으신 것 같군요. 맞습니까?"

  "어느 정도의 리스크(위험성)가 있다고 보십니까?"

메모의 수명을 늘리는 4단계

　메모가 끝나면 대부분 그것으로 메모의 수명이 끝났다고 생각한다. 하지만 메모는 나무의 열매와 같다. 완전히 익은 후 땅에 떨어져 새싹을 틔우고 뿌리를 내리고 줄기와 가지를 뻗어 결국 새로운 열매를 맺는 과정의 시작이 바로 메모인 것이다. 메모를 수돗물처럼 그냥 흘러버리는 것으로 생각해서는 안 된다. 물론 단순히 메시지를 전달하거나 전화번호를 적는 등의 메모는 단 하루를 위해 존재한다. 그러나 오랫동안 생명을 이어가는 메모도 있다. 수명이 긴 메모는 맨 처음 작은 쪽지에서 다이어리로, 다시 노트로 자리를 옮겨가면서 진화하고 성장해간다.

　앞에서도 말한 바와 같이, 메모란 기록이 전부가 아니다. 오히려 기록한 메모에서 어떤 성과를 얻을 수 있는지의 여부가 훨씬 더 중요하다. 그렇다면 메모의 수명을 길게 하는 데에는 어떤 방법이 있을까?

1단계: 메모한 뒤에 바로 내용을 정리한다.

- 형광펜 등으로 메모의 주제를 분류한다.

  색색의 펜을 이용해 분야별로 구분한다. 예를 들면, 좋은 예—파란색,

  나쁜 예—빨간색, 경영분야—초록색, 경제분야—갈색, 조직—보라색과

  같은 식으로 표시하는 것이다.

- 4색 볼펜으로 키워드를 표시한다.

  예를 들면 빨간색은 숫자, 초록색은 시간, 파란색은 고유명사를 의미하

  는 것으로 지정해 놓으면 한눈에 알아볼 수 있는 메모가 된다.

- 메모 내용에 기호를 덧붙인다.

  각각 다른 의미를 가진 기호를 써넣어 의미를 확실하게 표현한다. 예를

  들면, 대책—!, 성공—○, 실패—X와 같은 식으로 표시해둔다.

- 자신의 예측이나 전망을 적는다.

  상대방의 태도로 미루어 짐작하거나 메모한 내용을 근거로 예측하게

  된 사실을 적는다.

- 대책을 세운다.

  앞으로 어떻게 할 것인지 방법을 생각하고 스케줄표 등을 이용하여 구

  체적으로 메모한다.

이런 과정을 거친 메모는 오랫동안 활용할 수 있다. 수명이 길어지는 것
이다. 또 활용범위 또한 매우 다양해진다.

2단계: 메모의 내용을 행동으로 연결시킨다

메모는 행동으로 옮길 수 있어야만 진정한 가치를 갖게 된다. 단순히 사실을 기록하는 메모는 가치가 없다. 질 높은 메모를 원한다면 메모장 한켠에 '앞으로의 대책'을 쓰는 공간을 마련해야 한다. 무슨 일을 언제 어떤 식으로 할 것인지 구체적인 스케줄을 잡는 것이다. 그리고 종이로 된 파일이나 컴퓨터의 하드디스크에 저장해 두었다가 필요할 때마다 자료로 재활용한다.

이런 식의 메모는 그 자체가 정보를 압축시켜 놓은 형태이기 때문에 시간이 흘러도 품질에는 변화가 없다. 메모가 노트로 만들어지거나 디지털 파일이나 폴더에 담겨지는 것처럼, 그 안의 정보와 생각은 아이디어나 기획 전략 등으로 발전하면서 실질적인 성과로 남게 된다.

3단계: 메모를 재활용한다

메모를 철저하게 활용하기 위해서는 지속적인 관리가 필요하다. 맨 처음 기록했던 상태 그대로 남기는 것이 아니라 다양한 목적에 맞도록 개량하고 가공해야 필요할 때 적절하게 사용할 수 있다. 이때 염두에 두면 좋을 방법으로 세 가지를 소개한다.

아이디어를 다른 형태로 압축시킨다 (압축화)

다시 사용하면 짧고 단순한 형태의 메모가 점차 확장되고 강조되는 경향이 있다. 이것은 머릿속에 떠오른 힌트가 아이디어나 계획으로 발전하는 것과 같다. 이제 다시 한 번 압축의 과정을 거쳐야 하는데, 이때 잊지 말아야 할 점은 본래의 형태로 되돌아와서는 안 된다는 것이다. 최초의 아이디어가 다른 시점에서 또 다른 목적에 의해 변화되는 것이므로 처음의 것과는 전혀 다른 형태의 메모가 만들어져야 한다. 예를 들어 어떤 계획에 대해 메모하고 그것을 다른 일에 활용할 때, 2차적으로 작성된 메모를 압축한 결과 인재관리에 대한 아이디어가 떠올랐다면 두 메모의 성격은 전혀 다른 것이다. 즉 자신의 스케줄을 정하고 관리하는 과정에서 '인재관리'라는 뜻밖의 힌트를 얻은 것이다. 구체적인 기획으로 압축시킴으로써 새로운 아이디어가 탄생한 것이다.

다른 분야에 응용한다 (범용화)

다음으로 중요한 것은 '메모의 범용화'이다. '범용화'란 넓은 분야에 두루 이용하는 것을 의미하는데, 예를 들어 새로운 경영전략에 대한 아이디어를 메모에 적었다면 그것을 다른 업무와 접목시키는 것이다. 한 가지 아이디어를 가지고 마케팅과 제품개발, 점포개발 등 다양한 분야에 응용하는 방법에 익숙해지면 최소한의 노력으로 최대한의 효과를 얻을 수 있다.

두 가지 방법을 반복한다 (반복)

메모를 가장 효과적으로 활용하는 방법은 압축과 범용을 번갈아 가면서 반복해 새로운 아이디어를 얻는 것이다. 물론 압축할 때는 전단계의 메모와 똑같아서는 안 된다. 시점이나 분야, 내용을 완전히 다른 형태로 변화 발전시켜야 한다. 이 두 가지 방법을 적절히 활용하면 업종과 부서에 관계없이 자신만의 다양한 해결책을 얻을 수 있다.

4단계: 지속적으로 압축과 요약을 거듭한다 (지속)

시간이 경과됨에 따라 메모의 양은 점점 증가하기 마련이다. 그에 따라 새로이 압축과 요약할 사항들이 생기게 마련이다. 따라서 압축과 요약도 지속적으로 이루어져야 한다. 지속적으로 진행되는 압축과 요약은 조금씩 발전적인 방향으로 진화되도록 노력해야 한다.

메모의 위력은 예상보다 상당히 크다. 그러나 처음부터 그것을 실감하기란 거의 불가능하다. 평소 메모에 지혜를 모으고 노력을 들이는 것이 필요하다. 그렇게 작성된 자료가 꾸준히 쌓이다 보면 메모의 힘은 더욱 배가된다.

실전 메모

대화·인터뷰 메모의 기술

인터뷰와 같은 일대일 대화에서는 어떻게 메모하면 좋을까? 우선 메모지를 꺼내기 전에 상대에게 양해를 구해야 한다. 간단한 메모 정도는 대부분이 그다지 신경 쓰지 않기 때문에 상대의 허락을 얻을 필요는 없다. 그러나 여러 가지 이유 즉 비밀 유지나 대화에 집중해야 한다는 것 때문에 메모를 기피하는 사람도 있다.

많지는 않지만 뚜렷한 이유 없이 메모에 신경질적인 반응을 보이는 사람도 있다. 이런 경우 "메모해도 되겠습니까?"라고 물어보되, 만일 거절하거나 싫어하는 기색을 보이면 당장 그만두어야 한다. 최근에는 다양한 기기로 녹음하거나 녹화해 기록을 남기는 사람도 많은데, 이것은 메모 이상의 실례가 될 수 있으므로 반드시 상대방의 양해를 구해야 한다.

단둘이 대화하는 자리라면 우선 상대의 얼굴을 정면으로 바라볼 수 있게 앉는다. 상사나 경영책임자와 같이 대화 당사자가 정해져 있고, 자신은 단순히 기록자 입장일 때는 한쪽 끝에 앉아 상대에게 방해가 되지 않도록 신경을 쓴다. 메모할 때는 시선을 되도록 앞으로 고정시키고, 메모하면서도 상대의 눈이나 표정이 어떻게 변하는지 주시할 필요가 있다.

일대일 대화에서는 상대에게 집중하지 않으면 자연스러운 분위기를 이끌어가기가 어렵다. 그렇다고 해서 지나치게 빤히 쳐다보다가는 메모 자체가 불가능해진다. 그러므로 대화의 흐름이 끊기지 않도록 신경 쓰면서 메모를 한다. 미처 받아 적지 못한 말은 상대에게 확인한다. 자칫 기분 나빠 할 수 있으므로 정중하게 다시 말해줄 것을 부탁하고, 그 후에 이어질 화제에 대해 상기시키도록 한다.

질문만으로 중요한 정보를 이끌어낸다

메모라고 해서 상대의 말을 그저 받아 적는 데에만 그쳐서는 안 된다. 센스 있는 화술로 대화를 부드럽게 끌고 나가면서 사이사이에 날카로운 실문으로 질 높은 정보를 얻어내는 것이 메모의 궁극적 목적이다. 말하자면 질문이 메모의 내용을 결정하는 열쇠인 것이다.

'가장 쓸모 있는 정보를 들을 수 있는 질문은 무엇일까?'라는 생각을 늘 가져야 한다. 그 목표를 달성하기 위해서는 기록하는 것 이외에 무언가 독특한 기술이 있어야 한다. 그것은 다음 여섯 가지 항목으로 정리할 수 있다.

① 수동적인 자세로 메모하지 않는다. 듣고 적는 식의 태도로는 가치 있는 메모를 기록할 수 없다.

② 같은 아이템에 대한 질문을 여러 개 만들어 상황에 맞추어 물어본다.

③ 주로 상대의 주력분야와 미래에 대해 질문한다.

④ 자신의 장래에 큰 영향을 끼칠 만한 대답을 이끌어내는 질문을 한다.

⑤ 상대로부터 이끌어낸 대답은 확실하게 메모한다.

⑥ 인터뷰 후에는 반드시 정리하는 시간을 갖는다.

사람들을 만나는 최고의 가치는 상대방으로부터 자신의 인생에 도움이 되는 말을 들을 수 있다는 것이다. 물론 내 쪽에서도 인상 깊은 말들을 남긴다면 더 더욱 좋은 일이다. 서로 생각과 정보를 교환하는 분위기 속에서 만들어진 메모야말로 소중한 자산이기 때문이다.

강연·연수·세미나 메모의 기술

중요도에 따라 메모 방식을 바꾼다

일을 하다 보면 강연이나 세미나 혹은 연수에 참가할 기회가 적지 않다. 강연이나 세미나는 질의응답 시간이 있기는 하나, 대부분은 강사나 발표자의 말을 다수의 사람들이 일방적으로 듣는 식으로 이루어진다. 따라서 인터뷰나 일대일 상담을 할 때와는 조금 다른 메모 방법을 익힐 필요가 있다.

우선 강연이나 세미나의 내용이 자신에게 얼마나 중요한 정보이냐에 따라 메모를 하지 않을 것인지, 나누어준 자료에 메모를 첨가할 것이지, 별도의 용지나 노트를 사용할 것인지 등을 결정한다. 이것은 그 강연의 내용이나 성격에 따라 각자 결정하면 되고, 일단 메모를 할 필요가 있다는 판단이 들면 다음 사항을 기억하며 메모해보자.

관점을 정한다

강연이 시작되기 전에 강연 제목과 주제를 확인하고, 상대방 이야기에서 어떤 내용을 얻고자 하는지 정해야 한다. 아무리 프로 강사라 해도 강연 내용이 주제로부터 멀어지는 경우가 종종 있다. 중심을 잃지 않고 자신이 원하는 것들을 얻어내기 위해서는 강연내용이 자신이 설정해놓은 주제와 얼마나 일치하는지 체크할 필요가 있다. 부족한 내용은 질문으로 보충한다.

도표와 그래프를 활용한다

구체적으로 메모를 시작하면 메모에 사용하는 다양한 방법, 특히 도표와 그래프를 활용한다. 예를 들어, 상대방의 이야기 구조를 기호나 표, 그래프 등을 이용하면 내용이 한눈에 들어와 알아보기가 쉽다(대조표 매출 추이 그래프 등). 게다가 문장만으로 이루어진 메모보다는 이해가 훨씬 쉽고 나중에 다른 업무에 적용시키기도 한결 수월하다.

교훈이 될 만한 내용을 찾는다

강연 내용 중에서 인간적인 면뿐만 아니라 업무적인 면에서 교훈으로 삼을 만한 내용을 이끌어낸다. 예컨대 좋은 점, 장점, 메리트와 같은 긍정적인 내용을 확인하고, 나쁜 점, 단점, 결점과 같은 부정적인 점도 체크한다. 또 인생의 교훈, 라이프스타일에 도움이 될 만한 사항을 놓치지 않고 정리한다. 덧붙여 참고할 만한 사례에도 주목한다. 말솜씨가 뛰어나고 청중을 사로잡는 능력이 있는 강사들은 자신의 이야기를 뒷받침하는 사례를 잘 활용한다. 나중에 같은 주제로 대화를 나눌 때 활용할 수 있도록 메모해 두는 것도 좋다.

부족한 정보는 질문으로 보충한다

강연이나 세미나에서는 발표자의 강연이 끝난 후 질문하는 시간이 배정되어 있다. 메모를 하다가 부족하다고 생각되는 내용이 있다면 이 시간을 이용한다. 메모의 가치를 높이고 정보의 완성도를 높이기 위해, 질문할 때에는 다음과 같은 것들을 참고한다. 우선, 의문점이나 이해가 가지 않는 부분을 질문한다. 둘째, 반대의견이 있으면, 다른 상황을 가정하여 질문한다. 셋째, 자신의 생각을 말하고, 조언을 구한다. 그리고 마지막으로 찬성의 의사를 밝히고 감명받은 내용에 대해 감사의 뜻을 표한다.

상담·회의 메모의 기술

사전 준비

업무상 상담이나 회의는 대개 일대일 상담보다는 여러 명을 한꺼번에 상대해야 하는 일이 많다. 따라서 메모하는 방법도 두 사람만의 자리일 때와 많은 차이가 있다.

- **회의목적을 미리 확인한다.**

  우선 회의 시작 전에 왜 그런 자리가 마련되었는지 알아야 한다. '제3차 경영회의'와 같은 표면적인 이슈만으로는 진짜 목적이 무엇인지 알 수 없다. 가능한 한 회의의 주최자나 사무국, 중요 인물 등에게 회의 목적에 대해 물어 확인해둔다.

- **참석인원 수와 이름, 자리배치를 알아 둔다.**

  몇 명이 참석하는지, 그들이 어디에 앉을 것인지, 이름이 무엇인지 확인한다. 가능한 한 회의 전에 참석인원과 이름, 직책, 담당업무에 대한 사전 정보를 입수하는 것이 바람직하다. 참석자의 자리 배치는 미리 알 수 없는 경우도 있지만, 회의실의 크기, 형태, 의자의 배열방법 등은 확인해놓을 필요가 있다.

- **메모의 양을 정한다.**

  회의시간에 따라 메모의 양을 어느 정도로 할 것인지 머릿속으로 계획해놓을 필요가 있다. 자신이 생각하는 회의의 중요도와 필기 속도에 따라 메모의 양을 적절히 조절하도록 한다.

메모의 내용

- **중요 인물의 발언내용**

  예를 들어, 8명이 참석한 회의에 중요인물이 3명 정도 참석한다고 하자. 메모할 때는 이들의 발언을 중심으로 한다. 그 외 사람들의 말은 대략 요점만 간추려 쓴다.

- **내용의 분배**

  전체적으로 회의의 흐름에 따라 메모한다. 중점적으로 다루어진 토론의 주제는 여러 사람이 말한 그대로를 기록한다.

- **명사와 숫자**

  메모 내용은 주로 명사와 숫자이다. 회사나 부서, 담당자, 제품, 기술, 지역의 이름은 되도록 정확하게 기록해야 한다. 매출, 판매량, 생산단가, 마진, 판매관리비 등 숫자로 된 자료는 메모한 뒤 다시 한 번 확인해둘 필요가 있다.

- **키워드**

  회의나 상담목적을 감안하여 그 자리에서 다루고 있는 핵심적인 키워드를 정해 그것을 중심으로 메모한다.

- **찬성 또는 반대의견**

  누가 어떤 의견에 찬성 혹은 반대했는가를 중심으로 적는다. 결론을 내려야 할 때는 그 과정까지 메모한다. 이때 상반된 의견이 나오게 된 이유를 덧붙이면 내용에 대한 이해가 쉬워진다.

메모 후의 처리가 더 중요하다

회의나 상담이 끝났다고 해서 메모작업이 마무리되는 것은 아니다. 회의시간 이후에는 반드시 자신의 메모를 다시 한 번 읽으면서 확인한다. 빠진 부분이나 보충할 내용이 있으면 그 자리에서 첨가하고 틀린 글자나 잘못된 내용이 있으면 확실하게 표시해서 헷갈리는 일이 없게 한다.

문장만으로 된 메모에 비해 기호나 표, 그래프, 그림 등을 넣으면 회의내용을 보다 입체적으로 기록할 수 있다. 메모의 궁극적 목적은 문제를 개선하고 해결책을 모색하는 데 있다. 그러므로 중요한 회의일수록 메모의 필요성 또한 커진다.

# 최신 정보 메모의 기술

관심 있는 기사를 고른다

다양한 미디어를 통해 정보를 입수하고 그것을 최신 버전으로 업그레이드하는 것은 업무에 있어서 매우 중요한 작업이다. 미디어를 통해 얻은 정보의 메모 방법에 대해 알아보자. 미디어 중에서도 가장 일반적인 것은 역시 신문일 것이다. 종이신문이든 인터넷 신문이든 신문기사를 읽는 목적은 시대 상황을 파악하고 흐름을 읽어 시대를 앞서 나가는 것이다.

물론 잡지나 책을 읽거나 방송을 통해서도 정보를 얻을 수 있지만 편리함과 내용의 깊이 등을 종합적으로 고려해볼 때 가장 유용한 매체는 신문이라 할 수 있다.

짤막한 기사도 놓치지 않는다

제목이 큰 활자로 쓰인 기사는 현재의 사회 이슈나 트렌드를 말해주는 것으로서, 그런 기사를 통해서는 앞으로의 전망에 대해서 알 수 없다. 시대를 앞서 나가기 위해서는 단신으로 나와 있는 기사에 주목할 필요가 있다. 지금은 생활 속의 일부로 자리 잡은 인터넷의 정보도 예전에는 신문의 작은 코너를 장식하는 '토막소식'에 불과했다. 현재 떠오르는 분야 위주로만 관심을 갖는다면 미래를 읽을 수 있는 기회는 영원히 잡을 수 없을지도 모른다.

앞서 가는 기업이나 국가에 대한 기사를 중점적으로 읽는다

관심을 갖는 분야에 따라 앞서 가고 있는 대상은 국가나 기업, 회사, 인물 등으로 다양해진다. 미국이라고 해서 모든 분야에서 최고의 자리를 차지하는 것은 아니다. 이스라엘이나 인도, 싱가포르 등도 어느 한 가지 분야에서는 유럽 선진국보다 훨씬 발전된 시스템을 가지고 있다.

국가뿐만이 아니라 기업이나 인물도 비전을 가지고 있는지 여부에 따라 결과가 극명하게 대비된다. 구조조정으로 경제활동이 위축되어 산업 전반에 좋지 않은 결과를 낳은 기업이 있는가 하면, 조직 재정비에 성공하여 첨단산업에 뛰어든 기업도 있다. 그리고 그런 기업의 성공 뒤에는 그것을 이루기 위해 노력한 인물이 숨어 있게 마련이다. 인물에 대한 관심은 생각의 깊이를 더해 주는 중요한 요소가 된다.

기사 발생도에 주목하라

신문은 보통 정치, 사회, 외교, 경제, 법률, 산업, 제품, 서비스, 기술 등으로 면이 나뉘어 있다. 각 부문을 관심 있게 지켜보면 쉴 새 없이 새로운 소식이 보도되는 그룹과 별다른 움직임이 나타나지 않는 그룹으로 나뉘는 것을 알 수 있다. 예를 들어 스마트 폰과 관련된 소식은 기사 발생도가 높지만 PC에 대한 소식은 예전에 비해 기사 빈도가 현저히 떨어지고 있다. 그러므로 기사가 얼마나 자주 발생하는지 살펴서 발생도가 높은 부문을 파악하고, 그것을 중심으로 메모하는 것이 그 시대를 읽고 또 앞서 가는 길이다.

흐름을 읽는다

기사로 만들어지지 않은 것은 어떻게 할까? 일단 신문을 꼼꼼하게 읽고 메모하다 보면 어느 순간 통찰력이 생기게 된다. 그렇다면 기사화 되지 않아도 스스로 시대의 흐름을 간파할 수 있는지 아닌지는 어떻게 판단할까? 예컨대 다음과 같은 기준으로 판단할 수 있다.

- 앞으로 나올 신제품에 어떤 기술이 도입될지 알 수 있다.
- 업계의 새로운 움직임에 따라 기존 제품의 용도가 어떻게 바뀔지 감이 잡힌다.
- 지나치게 앞서 가고 있음을 감지하거나 그 반동으로 일어날 수 있는 흐름을 예상할 수 있다.
- 업계 1, 2위의 순위가 언제쯤 뒤바뀔지 감지할 수 있다.

- 새로운 떠오르는 아이템이 무엇이고 현실화될 것인지 예상한다.
- 문제점이 기사화되었을 때 그 해결책을 알 수 있다.
- 성장률과 가속도, 질적 변화의 시점을 정확하게 알 수 있다.
- 전혀 다른 분야에서 급성장하고 있는 부문을 서로 연결 지을 줄 안다.
- 급격하게 나빠지는 상황을 막기 위해 어떤 방법이 사용될 지 예상할 수 있다.

어떻게 기록할 것인가를 정한다

스크랩

특정한 테마, 예를 들어 신제품이나 신기술에 맞는 기사만 스크랩한다. 시작하기는 쉽지만 오랫동안 지속하기는 어려운 방법이다. 시간이 지나면서 스크랩한 기사의 양이 늘어 종이신문을 스크랩할 경우에는 스크랩북을 보관할 만한 장소가 부족해질 수 있다. 따라서 양을 조절하는 것이 무엇보다 중요하다. 인터넷기사는 디지털데이터로 스크랩할 수 있다. 이 경우 양에 구애받지 않으며 검색까지 가능하다는 장점이 있다.

요점만 메모한다

스크랩하다 보면 자칫 기사를 수집하는 작업에만 치중하고 내용 검색은 소홀해질 수 있다. 기사에 초점을 맞추기 위해서는 스크랩을 마친 후 요점만을 정리하여 메모해 놓는 습관을 들인다. 메모하는 과정에서 자신에게 필요한 정보를 가려내는 작업도 동시에 이루진다.

인터넷 데이터를 다운받는다

인터넷으로 신문기사를 읽는 것은 여러 모로 편리하다. 최근에는 음성으로 기사를 읽어주는 서비스까지 있어 시력이 좋지 않은 사람들에게 좋은 반응을 얻고 있다. 단순히 읽거나 듣는 데 만족할 수 없는 경우에는 일정 부분 다운받는다. 미리 저장해 두었다가 짬나는 대로 읽으면 되고 보관이나 검색이 용이하다.

책·잡지 메모의 기술

독서에도 메모가 필요하다

책에는 초보적인 지식에서 전문적인 노하우까지 총망라되어 있다. 한 사람이 평생에 걸쳐 터득한 기술이 고스란히 남겨 있다는 점에서 책은 상당히 매력적인 정보원이다. 인터넷이 아무리 편해도 책의 가치를 앞설 수는 없다.

그러나 아무리 중요해도 단순히 읽고 꽂아 두기만 하면 소용이 없다. 내용을 잊어버리지 않았다고 해도 표면적인 구성 정도만 기억해서는 의미가 없다. 자신의 생각은 물론, 행동에까지 영향을 미치고 있는지 여부가 중요한 것이다.

따라서 메모하는 방법에 대해 연구할 필요가 있다. 책이 귀했던 시절에는 책을 자신의 분신과도 같이 소중하게 여겼지만 지금은 책을 다루는 데 소홀한 경향이 있다. 희소성에 관계없이 책에 담긴 정보는 무엇이든 가치

174

가 있다. 그리고 메모야말로 책이 갖고 있는 가치를 내 것으로 만드는 데 한 몫할 것이다.

독서 목적을 정하고, 그에 맞게 책을 결정한다

개인적인 취미로 책을 읽는다면 '제목이 마음에 들어서' 혹은 '그냥'이라는 말이 자연스럽겠지만, 업무상 필요에 의해 책을 읽을 경우에는 확실하게 목적을 정해야 한다. 예컨대, 담당 업무가 바뀌어서, 새로운 분야의 지식을 익히기 위해서, 지위가 상승하고 부하직원이 늘었기 때문에, 직업을 바꾸면서 회사업무가 달라졌기 때문에 등 여러 가지가 있을 수 있다.

목적을 정했다면 이제 '어떤 책을 몇 권, 어떤 순서로 읽을 것인가'를 결정한다. 알고 있는 책이 자신의 목적에서 벗어난 것이라면 시간낭비일 뿐이다. 또 목적에 맞더라도 책의 전체적인 수준이 지나치게 낮거나 높으면 읽기가 힘들다. 어느 한 분야의 책만 읽는 것도 바람직하지 않다. 이와 같은 단점을 보완하기 위해서는 난이도와 도서 장르를 골고루 분배하는 독서계획을 세워야 한다.

독서계획을 세운다

단 한 권을 읽더라도 자신만의 독서계획이 필요하다. 계획을 수치로 나타내면 성과도 그만큼 높아지기 때문이다. 독서계획은 다음과 같은 순서로 세울 수 있다.

- 책 읽는 목적을 리스트로 정리한다.
- 각 항목에서 포인트가 되는 단어(키워드)를 5~10개 정도 정한다.
- 키워드가 목차의 어디에 어떻게 들어 있는지 확인한다.

  만일 목차나 본문에서 키워드를 찾을 수 없거나 너무 적으면 책을 잘못 선택한 것이므로 다른 책을 고른다.

- 책을 읽는 기한을 정한다.

  이때 연월일, 경우에 따라서는 시간까지 정해놓는다.

- 독서에 할애할 시간대를 정한다.

  휴식시간을 이용하여 읽는다면 실질적인 독서시간이 얼마나 되는지 계산한다.

- 메모의 양을 정한다.

  책의 중요도에 따라 메모의 양을 조절한다. 행이나 페이지 수를 미리 정해놓는다.

- 메모한다.

  독서계획에 따라 책을 읽으면서 메모한다. 초보자는 빠르고 정확한 메모를 기록하는 연습을 하고, 중·상급자는 메모의 속도나 질 모두에 신경을 쓴다.

- 메모를 정리한다.

  메모한 뒤에는 반드시 내용을 다시 읽어보고 첨삭할 부분이 있는지 체크한다. 그런 다음 파일이나 폴더 등에 저장한다.

- 책에 직접 메모한다.

  사람들은 보통 책을 읽을 때 더럽혀지지 않도록 신경을 쓴다. 책에 낙서한다는 것 자체에 거부감을 느끼고 있는 탓에, 되도록이면 깨끗한 상태로 읽으려고 노력한다. 하지만 업무상 필요로 하는 책을 읽는 경우에는 얘기가 달라진다. 책의 가격보다 훨씬 중요한 목적이 있다. 무엇이든 결과를 얻어야 하기 때문에 굳이 깨끗한 상태를 유지하려고 노력할 필요가 없다. 읽고 나서 무슨 내용이었는지 알 수 없다면 무슨 소용이 있겠는가.

따로 메모하고 저장할 만한 시간이 없다면 책 자체를 메모장으로 활용한다. 눈에 띄는 문장은 체크하고 아이디어가 떠오르면 그대로 써넣는 것이다.

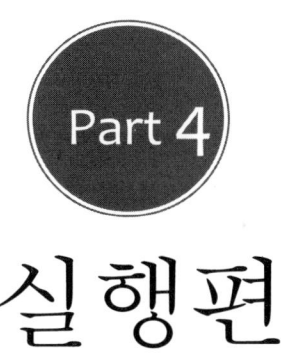

실행편

Chapter 1. 실행할 수 있는 목표를 세워라 – 목표수립 8원칙

01. 비전을 가져라 | 02. 문제를 초월해 멀리 내다보라 | 03. 내 삶의 운전자가 되라 | 04. 분명한 방향을 설정하라 | 05. 자신에게 기대하라 | 06. 동기부여에 의존하지 말고 의지력을 키워라 | 07. 감정과 목표를 일치시켜라 | 08. 긍정적인 감정을 동원하라

Chapter 2. 이제는 실행하라

01. 가장 소중한 일에 힘을 집중하라 | 02. 옳다고 생각하면 즉시 실행하라 | 03. 연습에 연습을 거듭하라 04. 흔들리지 말고 최선을 다하라 | 05. 자신을 믿어라 | 06. 30%는 미래를 위해 투자하라 | 07. 잠재능력을 계발하라 | 08. 작은 실패를 큰 성공으로 만들어라 | 09. 강한 의지와 열정을 가져라 | 10. 다른 사람과 함께 성공하라

Chapter 3. 실행하는 사람은 뭔가 다르다

01. 성공하는 습관, 실패하는 습관 | 02. 다른 사람과 협력하는 방법을 익힌다 | 03. 마음을 열고 진심을 다하라 | 04. 독서하는 시간을 아끼지 마라 | 05. 자존감을 잃지 마라

실행할 수 있는 목표를 세워라

- 목표수립 8원칙

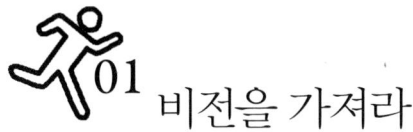

01 비전을 가져라

목표를 이루기 위해서는 분명한 목표의식이 필요하다. 행복하고 성공한 사람들을 살펴보면 하나같이 목표의식이 분명할 뿐 아니라 다른 사람들까지 목표의식을 갖게 하고, 경우에 따라서는 목표를 공유함으로써 함께 이루는 성공을 추구한다. 분명한 목표의 설정이야말로 실행에 대한 의지를 굳건히 하고 성공한 인생으로 나가는 초석이 된다.

스티브 잡스는 워즈니악을 만나 애플을 함께 만들었다. 최초의 애플은 저가의 회로기판을 조립해 판매하는 조그만 회사였지만 설립 3년 만에 상장되었고, 당시 스물네 살인 잡스는 백만장자가 되었다. 당시 잡스가 직원들과 함께 공유한 비전은 '우주에 영향을 미칠 만큼의 아주 획기적인 컴퓨터를 만들자'는 것이었다.

그 이후 애플을 한 단계 더 높이 도약하기 위해 당시 마케팅의 귀재였던

존 스컬리 펩시콜라 사장을 영입하고자 했다. 그런데 존 스컬리가 주저하자 잡스는 "나머지 인생을 설탕물이나 팔면서 보내고 싶습니까? 아니면 세상을 바꿀 기회를 갖고 싶습니까?"라고 했다. 그리고 존 스컬리는 애플 CEO로 자리를 옮겼다.

이런 비전의 원천은 머리가 아니라 마음에 있다. 머리 좋은 특정한 사람만이 아니라 우리 모두 가질 수 있는 것이다. 마음에서부터 상황을 달리 보고 해결책을 생각할 때 비전은 탄생한다. 다시 말해, 문제에 집착하지 않고 문제의 해결책을 마음속으로 생각하고, 미래에 이루고자 하는 선명한 그림을 그리는 데서 비전이 만들어진다.

비전은 누구나 가질 수 있다. 누구든 자신의 가능성과 성과를 기대하면 주위 사람과 상황 등 주변 환경이 어떻게 달라지는가를 미리 내다볼 수 있다.

테레사 수녀는 민족을 초월해 극빈자들에 대한 연민으로 아무도 돌보지 않는 병든 사람들을 돌보는 사역에 내한 비전을 가졌다. 월드비전의 보브 피어스는 세상의 굶주리는 어린이들이 배불리 먹는 그림을 그리면서 비전을 가졌다고 한다. 소프트뱅크의 손정의 회장은 15세일 때 50년 후의 계획을 설계하면서 세계 최대의 인터넷 재벌이 된 자신의 모습을 그렸다.

역사적으로 길이 남을 사건이나 영향력 있는 단체들은 모두 비전을 가진 한 사람에 의해 시작되었다. 비전은 아직 살아 있는 당신이 미래를 위해 짜 놓은 멋지고 흥분되는 각본이다. 비전은 우리의 마음을 요동치게 하고 소망과 기대로 가득 차게 한다.

어떤 일을 왜 그리고 어떻게 할 것인가? 비전이 확고하다면 목표를 세우고 어떻게 실행할 것인지에 대한 답을 찾는 일은 어렵지 않다. 스스로 비전을 갖고 있다면 나아가야 할 길이 분명히 정해지게 되어 있다. 어떤 장애에도 흔들림 없이 과감하게 목표를 향해 나아가게 만드는 '내 마음의 비전'이라는 채찍이, 길을 막아서는 장애물들을 비켜나게 해줄 것이기 때문이다.

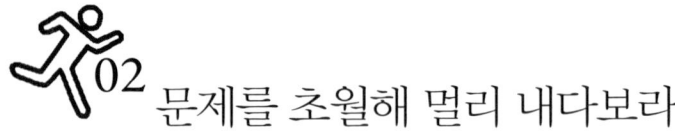

02 문제를 초월해 멀리 내다보라

살다 보면 크고 작은 문제에 직면하게 된다. 어려움에 부딪쳐서 사는 게 힘들고 작은 희망의 빛조차 보이지 않을 때 어떻게 해야 하는가? 어려움은 마치 몸부림치면 칠수록 더 깊은 수렁 속으로 빠져드는 '늪'과 같아서, 시간이 지날수록 점점 더 해결의 실마리를 찾을 수 없게 만드는 성향이 있다. 빠져나오려 하면 할수록 결과적으로 오히려 더 큰 실수를 하게 되어 절망의 끝으로 내몰리게 된다.

흔히 사람들은 문제에 부딪히면 그것에 매몰되는 경우가 많다. 자꾸 문제만을 바라보는 것이다. 이렇게 문제만을 바라보는 사람들은 자기 영역을 정해놓고 밖으로 나가지 않으려 한다. 사람들을 만나지도 않고 하는 일도 없이 골방에 틀어박혀 하염없이 자기의 문제만을 생각하고 또 생각하기도 한다. 그러나 이런 태도로는 결코 문제를 해결할 수 없다.

매사가 그렇다. 머릿속으로 문제가 해결되어야만 행동으로 실천할 수 있는 것은 아니다. 그리고 문제만을 골똘히 생각해서는 오히려 그 문제의 포로가 될 가능성이 매우 높다. 완벽한 문제해결을 꿈꾼다면 이룰 수 있는 것은 아무것도 없다. 그렇게 생각하고 또 생각했는데 문제가 해결되지 않는다면 결국 실망의 강이 범람하고 최후에는 둑까지 무너져 모든 것은 분노의 물결 속에 휩쓸려버리고 말 것이다. 이런 논리 때문에 완벽주의자들이 우울증에 빠질 가능성이 높다.

인생에서 완전히 해결되는 일은 많지 않다. 대개의 경우 명확한 답이 나오지 않지만, 그래도 중단하지는 않는다. 할 수 있는 것만으로 전진한다. 안되면 안 되는 채로 또 전진한다. 대부분의 문제는 그러다가 답을 찾는다.

학창시절을 떠올려보자. 중학교 1학년 때 배운 것을 모두 알고 2학년으로 올라갔는가? 거의 대부분의 학생들은 그렇지 않을 것이다. 그리고 중2 때 배운 것을 다 모르고도 3학년이 된다. 하지만 고등학교 1학년이 되면 대개 중1 때 배운 것은 거의 다 알게 되지 않는가. 이것이 바로 '초월의 능력'이다.

우리에게 닥친 문제도 마찬가지다. 문제가 조금 있어도 그때그때 최선을 다하면서 나아가면 어느새 그 문제 밖으로 나와 있는 자신을 발견하게 된다. 어느덧 인생에 꽃이 피는 듯하고 만선의 배에서는 잔치가 벌어진다. 또 가을 추수의 꽹과리 소리를 들으며 "아, 인생은 이래서 좋은 것이야!"라고 확신하게 된다. 이것이 바로 성공의 시각으로 세상을 바라보는 힘이자 능력이다.

03 내 삶의 운전자가 되라

목표를 이루는 데 영향을 미치는 상황이 있다. 멀게는 정치, 경제, 사회, 문화와 같은 상황이 있고, 가깝게는 자신이 몸담고 있는 가정과 직장의 상황이 있다. 하지만 무엇보다 중요한 것은 멀리 있는 외부상황이 아니라, 본인 내부의 상황이나. 어떻게 판단하고 선택하느냐는 결정과 행동의 문제인 것이다. 결국 어떤 결과를 만들어내느냐는 바로 본인 내부의 상황에 달려 있다고 할 수 있다.

내부의 상황, 즉 결정과 행동에 의해서 자신의 현재와 미래가 좌우된다. 스스로 자신의 삶을 책임지고 주도적으로 행동한다면 현재와 미래의 삶은 물론 성공까지도 스스로 통제할 수 있다.

미국 심리학자인 윌리엄 글래서William Glasser는 자신의 '선택이론'을 전개하면서 인생의 자동차를 운전하는 것은 바로 자신이라는 사실을 강조한다. 이는 환경이나 타인에게 의존하는 한 결정적인 성공은 오지 않는다는 것을 의미한다.

많은 사람들이 이러한 사실을 인정하면서도 실행하는 데는 주저하고 차일피일 미루기 때문에 자신이 원하는 것을 이루지 못한다. 다른 사람의 생각이나 환경이 바뀌기만을 기다리고 있다면 그런 날은 영원히 오지 않는다는 사실을 알아야 한다.

혹시 예기치 않았던 행운이 찾아오더라도 그것은 우연일 뿐 오히려 더 큰 불행으로 바뀔 수 있다. 내부적으로는 전혀 바뀌지 않은 채 외부만 바뀐 것은 언제든지 제자리로 돌아갈 수 있기 때문이다.

그러므로 성공한 인생이 되기 위해서는 긍정적이면서도 지혜로운 행동이 필요하다. 진정으로 성공한 사람은 빠듯한 예산이나 무분별한 상사의 질책, 원활치 못한 지원 등 어떤 불리한 상황에서도 불평불만을 토로하는 데 결코 에너지를 낭비하지 않는다. 그것이 사실이냐 아니냐의 문제 때문이 아니라, 그런 불평이나 불만을 생각하거나 얘기하는 동안에는 결코 성공한 사람이 될 수 없기 때문이다. 그들은 불평이나 불만을 토로하는 대신 목적의식을 가지고 효율성을 높이기 위한 대안이나 새로운 길을 찾는 데 매진한다. 혁신적인 사고나 창의적인 아이디어는 이럴 때 생기게 마련이다.

목표를 이루기 위해서는 분명한 목표의식이 필요하다. 행복하고 성공한 사람들을 살펴보면 하나같이 목표의식이 분명할 뿐 아니라 다른 사람들까지 목표의식을 갖게 하고, 경우에 따라서는 목표를 공유함으로써 함께 이루는 성공을 추구한다. 분명한 목표의 설정이야말로 실행에 대한 의지를 굳건히 하고 성공한 인생으로 나가는 초석이 된다.

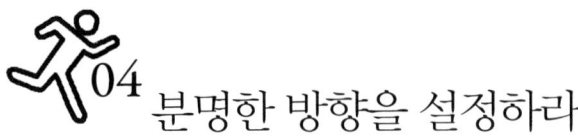

04 분명한 방향을 설정하라

어떤 일이든지 목표로 하는 방향과 우선순위를 정하고 그 순서대로 힘을 집중하면 성공 가능성은 몇 배로 높아진다. 단순한 동기부여를 뛰어넘는 힘의 집중과 방향설정이 그만큼 중요하다는 얘기다.

부자가 되겠다는 목표를 세운 사람이 연간수입은 3,000만 원인데 지출이 2,800만 원이라면, 부자가 되겠다는 방향설정 자체가 완전히 잘못된 것이다. 일반적으로 부자가 되기 위한 첫걸음은 '종자돈 모으기'라 할 수 있다. 그렇다면 종자돈을 모으는 것에 힘을 모으고 그런 방향으로 재정설계가 이루어져야 한다. 예를 들면, 장기주택마련저축에 가입해 세금공제혜택을 받으며 7~10년 가입기간 안에 종자돈을 마련하는 데 전력해야 한다는 뜻이다. 차도 사고 젊음의 향연을 외치며 넘실거리며 살면 남는 것은 에너지가 고갈된 처량한 인생뿐이다.

그러므로 목표를 세우고 그 목표를 이루기 위해서는 자신이 설정한 방향을 잊지 않아야 한다. 분명한 방향을 설정하고 그대로 이어나가기 위해서 무엇보다 먼저 힘을 길러야 한다. '힘 기르기'는 일에 대한 헌신도와 실제로 얼마나 착실히 시행하는가를 보여주는 참여도에 의해 증폭된다. 이 힘이 마련되면 어렵고 힘든 상황이 닥쳐도 자신이 설정한 방향을 잃는 일 없이 효율적이고 적절한 대책을 마련할 수 있게 된다. 따라서 이 힘은 개인의 삶에 있어서 상당히 중요한 변수로 작용한다.

만일 성공하기 위한 헌신과 실행이 없다면 아무리 창의적이고 그럴 듯한 계획을 세운다 해도 한낱 '한여름 밤의 꿈'에 불과할 것이다. 그러나 실제 생활에서 희생하고 헌신하면서 목표를 위해 살아간다면 그 힘은 넘칠 것이고, 상상하던 바는 현실이 되어 나타나게 될 것이다.

목표를 향해 나아가는 힘을 키우는 방법

그렇다면 어떻게 힘을 불어넣을 것인가? 이제 그 방법을 찾아보자.

우선, 분명하고 확실하게 정의된 목표를 세워야 한다. 이때 목표는 도전할 만한 것이어야 하고 야망이 충분히 반영된 것이어야 한다. 그러나 그 실행은 작고 간단한 것부터 시작해야 한다.

둘째, 목표는 간단해야 한다. 복잡하고 길면 단순하고 쉽게 실천할 수 없다. 당장 실행하는 데에나 초점을 맞추는 데에도 어려울 수 있다.

셋째, 즉시 할 수 있는 것이어야 한다. 나중에 하는 것은 아무 의미가 없다. 현재 할 수 있는 일에 집중하는 것이 중요하다. 실행은 지금 하고, 나중에는 그 결실을 맺어야 하는 것이다.

넷째, 구체적이어야 한다. 애매모호한 목표는 결과 또한 애매모호할 수밖에 없다. 다시 말해 구체적인 목표라야 구체적인 결과를 가져올 수 있다는 것이다. 막연하게 성공하고 싶다가 아니라 행복을 전파하는 성공인이 되겠다거나, 구체적으로 수치화된 목표를 가지는 것이 좋다.

다섯째, 진지해야 한다. 때로는 흥미 위주나 재미 삼아서 하는 일도 있을 수 있지만, 나의 인생이 흥미나 재미의 대상이 되어서는 안 된다. 목표를 세울 때 진지할수록 강력한 힘을 만들어지고, 스스로를 그 일에 헌신하도록 만들어서 원하는 인생을 살게 되는 것이다.

목표를 기록하는 요령

또 하나 덧붙이고 싶은 것은 목표를 세울 때는 반드시 기록하라는 것이다. 그저 막연히 생각하고 기억해두는 목표보다 문자로 분명히 기록된 목표가 훨씬 더 실행 가능성리 높다. 이것은 시각화와도 관련이 있을 뿐 아니라 힘을 기르는 것과도 깊은 관계가 있다.

첫째, 긍정적인 생각으로 목표를 세우고 긍정문으로 기록한다. "나는 성공할 수 있을까?"가 아니라 "나는 성공한 사람이다", "나는 몸짱이 될 수 있을까?"가 아니라 "나는 몸짱이다"는 식으로 생각하고 기록한다.

둘째, 현재시점으로 기록한다. "나는 내년에 내 집을 마련하겠다"가 아니라 "나는 내 집 마련을 위해서 2억을 만들고 있다"라는 식의 현재 상황으로 목표를 표현한다. 우리의 잠재의식은 긍정적이며 현재시점에서의 상황에 민감하게 반응하기 때문이다.

셋째, 1인칭 문장으로 기록한다. 목표로 하는 문장을 반드시 '나는~'으로 시작한다. 1인칭 문장은 내면 깊숙이 전달하는 힘이 크기 때문이다.

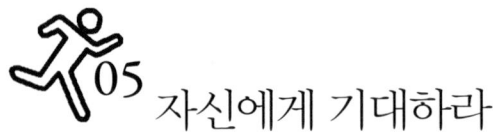# 05 자신에게 기대하라

무엇인가를 간절히 원하면 그 기대에 부응해 실제로 이루어지는 경향을 '피그말리온 효과'라고 한다. 특히 교육계와 산업계에서는 그 효과를 입증하는 논문이 속속 출간되었는데, 한 예로 심리학자 로젠탈[T. L. Rosenthal]은 어린 학생들을 대상으로 다음과 같은 실험을 실시해 그 효과를 입증한 바 있다.

어느 초등학교에서 '아이들의 지능향상을 예측할 수 있는 새로운 테스트'라고 선생님에게 설명을 해놓고 검사를 실시했다. 그 후 테스트 결과와는 상관없이 무작위로 20% 정도의 아이를 표본으로 뽑아, "이 아이들은 지적 발달이나 학업성적에서 무한한 발전 가능성을 보입니다"라고 선생님에게 결과 보고를 했다. 물론 아이들에게는 결과를 알리지 않았다.

그리고 8개월 후 과거에 했던 것과 똑같은 테스트를 실시하여 지난번 테스트 결과와 비교했다. 그랬더니 발달 가능성이 있다고 말한 아이들의 지능이 다른 아이들에 비하여 현저하게 향상되었다는 결과가 나왔다. 이러한 결과가 나온 것은, 선생님이 이 20%의 아이들을 지적 발달과 학업성적이 향상되리라는 기대를 가지고 가르치고 칭찬했고, 아이들은 선생님의 관심에 부응해 학습태도가 좋아지고 공부에 대한 관심이 높아졌기 때문이다.

결국 '기대한 만큼 잘하게 된다'는 것이다. 기대하는 만큼 칭찬과 같은 긍정적인 표현을 더 많이 하게 되고, 거기에 자극받은 사람들은 그 기대에 부응하기 위해 더욱 노력하게 된다는 것이다.

피그말리온 효과를 자신에게 적용시키는 것이 바로 긍정적인 삶이다. 성공을 간절히 원하면서도 성공으로 나아가기보다는 실행하지 못하는 자신을 변명하려는 사람들이 있다. 예를 들면 이런 식이다. "성공하려면 뭔가 하나는 잃어야 한다" 혹은 "성공한 사람치고 사기꾼 아닌 사람이 없다"라고 생각하거나, '나는 청렴하게 살아야지' 혹은 "성공 못해도 정직해야지"라고 스스로를 위로한다.

성공을 바라면서도 이처럼 성공에 대해 이중의 잣대를 갖고 있는 사람은 의외로 많다. 성공을 위해서는 이런 내면의 이중성을 긍정적인 자기선언으로 극복해야 한다. 자신이 원하는 바와 그를 위해 실행에 나서지 못하고 있는 현재의 자신을 솔직히 인정하고, 스스로의 가능성에 진심을 다해 기대해야 한다.

표면적으로는 성공했지만 마음속으로 성공 자체가 부담스럽고 죄의식을 느낀다면 이 또한 결코 성공했다고 말할 수 없다. 이런 부정적인 인식에서 벗어나 "성공한 사람이야말로 인생의 무한한 기회를 가져다주고 가난한 사람들을 도울 수 있으며 행복한 인생으로의 길을 넓혀주는 사람이다"라는 긍정적인 자기선언을 할 수 있어야 한다.

이런 기대효과나 긍정적인 자기선언은 자신에게 말로 다할 수 없는 힘을 제공한다. 그러므로 항상 긍정적인 마인드를 유지하고, 부정적인 마인드는 과감히 버릴 필요가 있다. 성공 전문 카운슬러들이 하나같이 부정적인 사람들과의 교류를 하지 말 것을 권고하는 것도, 부정적인 사람들과 접촉할 경우 그들의 부정적인 생각에 감염될 것을 우려하기 때문이다. 부정적인 생각은 전염성 강한 바이러스와 같아 누구 한 사람 예외 없이 부정적 사고의 병에 걸리게 만들기 때문이다.

06 의지의 힘을 키워라

의지란 '목적이 뚜렷한' 생각이나 뜻을 말한다. 의지를 관철시킨다는 것은 사물을 깊이 생각해 선택하고 판단하여 실행하려는 적극적인 마음가짐이라 할 수 있다. 결국 좋은 결과나 성과를 내기 위해서 그 일에 전념하는 마음가짐이 필요한데, 이 마음가짐을 꿋꿋하게 이어나가는 힘이 바로 의지력이다.

벼랑 끝에 섰을 때와 같이 더 이상 퇴로가 없을 때 전력할 수밖에 없듯이, 유일한 대안인 일을 할 때 에너지가 발휘된다. 할 수 있는 일이라고는 오직 앞에 놓인 그 일 하나뿐임을 인식하고 그것에 전력해 목표를 이루게 만드는 에너지가 바로 의지력이다.

그래서 의지력이 있는 사람은 단순히 동기부여를 받은 사람과는 다르다. 동기부여 역시 실행하는 데 많은 도움이 된다. 하지만 궁극적으로 외부에서 주어지는 동기부여에는 한계가 있다. 그래서 내부에서 힘을 발휘하는 의지력이 필요한 것이다. 그럼 구체적으로 단순히 동기부여된 상태에서 성공을 꿈꾸는 사람과 강한 의지력을 갖고 성공으로 나아가는 사람들이 어떻게 다른지 살펴보자.

동기부여에 의해 움직이는 사람

먼저 동기부여에 의해 성공을 꿈꾸는 사람들에게서 나타나는 특징이다.

첫째, 성공하기 위한 여러 대안을 자주 꼼꼼하게 따져본다.

둘째, 길을 정해 나아가다가도 뭔가 다른 방법으로 성공할 수 있다는 생각이 들면 그 즉시 방법을 바꿔 그동안의 노력이 수포로 돌아가게 만든다.

셋째, 이루고자 하는 목표에 대한 스케치가 명확하지 않다.

넷째, 강력한 장애물을 만나면 쉽게 다른 방법을 찾으려 하고 성공하기 위한 실천을 포기할 가능성이 높다.

다섯째, 목표를 쉽게 변경하려 한다.

강한 의지력으로 움직이는 사람

이와는 달리 의지력이 강한 상태에서 성공을 꿈꾸는 사람들은 다음과 같은 특징을 보인다.

첫째, 성공하기 위해서는 어때야 한다는 주변 논쟁에 아랑곳하지 않고 자기 스타일대로 노력을 멈추지 않는다.

둘째, 성공하기 위한 계획과 마음의 다짐을 항상 최우선으로 생각하며 살아간다.

셋째, 계획을 실천으로 옮기며, 자신이 실행한 것에 고무되어 더욱 열정을 발휘한다.

넷째, 목표로 하는 것의 초점이 분명해 다른 어떤 것의 방해도 받지 않는다.

다섯째, 자신이 세운 목표를 이루기 위해 실행하는 데 흔들림이 없다.

여섯째, 누구든 목표와 실행에 대해 물어오면 그 의미와 가치에 대해 확실하게 설명할 수 있다.

일곱 번째, 목표를 향해 실행하는 가운데 장애물을 만나면 오히려 결심이 더욱 견고해진다.

여덟 번째, 기필코 성공하겠다는 믿음을 공고히 하고 목표에 대한 시각화와 체감화를 수시로 점검한다.

아홉 번째, 주변사람들이 반발하여도 그들을 설득할 수 있고, 경우에 따라서는 무시할 수 있다.

열 번째, '다음 기회에……'라는 말에 절대 현혹되는 일이 없으며, 포기는 상상조차 하지 않는다.

이제 자신이 어떤 상태인지 판단해보자. 위에서 설명한 특징을 토대로 자신이 단순히 동기부여된 상태인지 강한 의지력을 키워 실천하고 있는지 판단할 수 있을 것이다.

한 조사기관의 조사결과에 따르면 우리 중에 10%만이 의지력을 가지고 목표를 향해 나아가고 있고, 나머지 90%는 단순히 그대그때 주어지는 동기부여만으로 살아간다고 한다. 한순간, 다시 말하면 누가 이렇게 해서 목표를 달성하였다는 경험담을 듣거나, 책을 읽거나, 가까운 사람들의 성공담을 들으면, 순간적으로 동기부여를 받아 잠시 흥분했다가 고무줄처럼 다시 원래의 모습으로 돌아오는 것이다. 이것이 바로 의지력이 없는 단순 동기부여를 받은 사람들의 모습이다.

의지력을 가져라. 의지력을 갖고 자신의 유일한 대안인 목표를 향해 철저히 몰입하는 사람만이 원하는 타이틀을 차지하는 영예를 얻게 된다. 성공도 할 수 있고 성취도 할 수 있고, 부자도 될 수 있다. 더 이상 환경이나 가진 것, 배경을 탓하지 마라. 오히려 그 시간에 자신의 의지력을 다시 한 번 점검해 보라. 그리고 의지력을 향상시켜라.

의지력 또한 노력을 기울여야 향상시킬 수 있다. 효율적이고 바람직한 방법을 택해 부단한 노력을 기울여야 진정 원하는 의지력이 생길 것이다.

07 감정과 목표를 일치시켜라

결단과 선택

기원전 49년 1월 10일 갈리아의 장관 카이사르는 "주사위는 던져졌다"라고 외치며 군대를 이끌고 루비콘 강을 건넜다. 루비콘 강은 이탈리아 북부에서 아드리아 해로 흐르는 강으로, 고대 로마에서는 이 강을 건너는 모든 군사는 무장을 해제하도록 되어 있었다. 그러나 카이사르는 이 법을 어기고 군대를 이끈 채 루비콘 강을 건너 폼페이우스와의 전쟁을 선포했던 것이다.

'루비콘 강을 건넌다'는 말은 여기에서 유래되었다. 이처럼 중대한 결단을 내리고 어떤 사태에 대처하는 순간은 누구에게나 찾아온다. 결단하고 선택하는 일은 무서우리만큼 아리고 시리다. 루비콘 강을 앞둔 상황이라면 다음과 같은 혼돈을 겪게 된다.

첫째, 감정이 여러 곳으로 분산된다. 별의별 생각이 뒤섞여서 들이닥친다. 과거에서 현재로, 현재에서 미래로 왔다 갔다 하면서 극도로 혼란스런 상황이 연출된다.

둘째, 불확실성으로 인해 엄청난 내적인 혼란을 겪는다.

셋째, 결정을 내려야 하는 시점이 정해져 있기 때문에 시간적인 압박감에 노출된다. 시간이 흘러갈수록 초조함은 절정에 다다라 이성적인 판단에 방해요인이 된다.

넷째, 평소에는 확실하다고 여겼던 것조차 확신하지 못하게 된다. 다시 한 번 더 의심을 통해 확신을 얻고자 해도 시원한 대답을 얻지 못한다.

다섯째, 합리성과 올바른 것 사이의 갈등이 증폭되어 결정이 더욱 어려워진다.

변화는 두려운 것이다. 개혁하고자 할 때 가장 큰 장애물은 저항이다. 두렵기 때문에 저항하는 것이다. 그동안 해왔던 방식과 습관이 다소 불편했다 하더라도 안정감을 주기 때문에 감수할 만하고 참을 만하다고 생각한다. 이것은 마음속에 변화를 두려워하는 감정이 있기 때문이다. 그래서 말로는 이대로는 안 되고 변해야 한다고 주장한다 하더라도 정작 결정의 순간이 닥쳐오면 겁이 나고 선택을 주저할 수밖에 없는 것이다.

자기암시와 상상력의 힘

이런 순간에 가장 중요한 것은 무엇일까? 루비콘 강을 건너야 하는 절체절명의 순간, 세운 목표로 인해서 반전이 일어나는 이 순간, 목표와 감정을 일치시킬 수는 없는 것일까? 목표는 행동을 수반하고 행동은 감정에 의해 탄력을 받는다는 사실에서 중요한 공식이 만들어진다. 바로, '목표의식을 가지고 행동하고, 행동할 수 있는 능력을 창출하기 위해서는 목표에 대한 감정과 생각을 일치시켜야 한다'는 것이다.

이것은 목표의식을 갖고 감정과 목표를 일치시키기 위한 일종의 자기암시이다. 자기암시 이론을 체계화한 인물로 에밀 쿠에^{Emile Coue}가 있다. 프랑스의 약사였던 그는 자신의 환자를 통해서 플라시보 효과^{속임약 효과}를 확인했고, 이를 더욱 발전시켜서 자신만의 암시요법을 창안했다.

그는 자기암시를 '인간의 정신과 육체에 미치는 상상력의 영향'이라고 정의했다. 그리고 20년간의 임상실험 끝에 자기암시의 원리에 대해 이렇게 결론을 내렸다.

첫째, 의지와 상상이 부딪칠 경우 예외 없이 상상이 승리한다.

둘째, 의지와 상상이 부딪치면 상상의 힘은 '의지의 제곱'에 비례한다.

셋째, 의지와 상상이 서로 동의할 경우, 그 힘은 단순히 더해지는 것이 아니라 곱해진 만큼 커진다.

넷째, 상상은 마음먹은 대로 움직인다.

자기암시 이론에 전적으로 동의할 수는 없지만, 부정할 수 없는 한 가지 사실은 자기암시가 필요한 시기는 분명 있다는 것이다. 목표를 세우고 그것을 성취하기 위해 노력하는 과정에서는 누구나 반드시 루비콘 강을 건너야 하는 상황을 만난다. 이때처럼 외로울 때도 없을 것이다. 그것을 견디며 선택해야 할 때 가장 필요한 것은 자신의 목표를 전적으로 믿고 지원하는 감정이다. 목표와 감정을 일치시켜야 한다는 것이다. 이때 자기암시는 많은 도움이 된다.

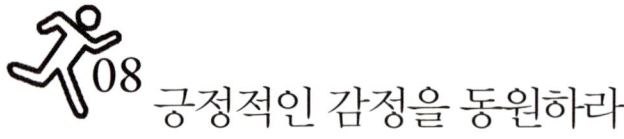

08 긍정적인 감정을 동원하라

한 조사결과에 따르면, 인간은 뭔가를 바라볼 때 긍정적인 감정은 30% 정도 갖는다고 한다. 나머지 70%는 부정적인 감정에 싸이는 것이다. 사물을 받아들일 때 긍정적이기보다는 부정적으로 보는 경향이 그만큼 강하다. 따라서 긍정적인 시각을 갖기 위해서는 의식적인 노력이 필요하다.

특히 인간관계에 주의를 기울여야 한다. 매일 부정적인 말을 하고 잘못된 행동을 하는 사람과 어울린다면 어떻게 되겠는가? 향기 좋은 것을 싼 종이에서는 향내가 나고 생선을 싼 종이에서는 비린내가 나는 것은 당연하다. 하루 종일 부정적인 기운을 내뿜는 사람이 나에게 긍정적 에너지원이 되기를 바랄 수는 없다. 혹시 당신이 백년에 한 명 나올까 말까 하는 타고난 긍정주의자가 아닌 다음에야 절대 불가능한 일이다.

그러므로 상대가 특히 부정적인 기운이 강한 사람이고 당신이 노력을 기울여 변모시켜야 할 대상이 아니라면, 일정한 거리를 둘 필요가 있다. 그것이 당신이 성공하는 길이며, 그 부정적 감정을 가진 친구를 긍정적 감정의 소유자로 바꿀 기회를 제공하는 길이다.

부정적인 감정을 이겨내는 방법

일단 목표에 대한 부정적인 감정에 휩싸이게 되면 그 목표는 치명타를 입는다. 목표를 세워놓고도 계획 자체에 대해 회의적인 생각을 하게 되면, 목표 달성은커녕 '나는 할 수 없다'는 더 높은 차원의 부정적 감정을 보너스로 얻게 되는 것이다. 이런 상황이 몇 번 반복되면 결국 성공은 남의 일이 되어버리고 만다.

그러므로 목표를 세울 때나 세운 후에는 항상 긍정적인 감정을 의도적으로라도 동원해야 한다. 그래야 자기감정의 성원에 힘입어 어떤 목표든지 달성할 수 있는 힘이 생긴다. 긍정적인 감정을 동원하는 한 방법으로, 자기 자신에게 생산적인 말을 해줌으로써 긍정적인 감정들을 불러일으키는 것이다. 구체적인 방법은 다음과 같다.

첫째, 실패한 것이 아니라 교훈을 얻었다고 생각한다.

둘째, 상대방이 거절한 게 아니라 오해한 것으로 생각한다.

셋째, 자신이 어리석은 것이 아니라 조금 부족하다고 생각한다.

넷째, 초조할 때는 뭔가에 자극받은 것으로 생각한다.

다섯째, 싫어한다는 말 대신에 다른 것을 더 좋아한다고 말한다.

여섯째, 상처받았다고 느낄 때는 스스로 자신을 괴롭히고 있는 것이라고 생각한다.

일곱째, 두려움을 느낄 때는 새로운 것에 대한 호기심이 생긴 것이라고 생각한다.

여덟째, 외로움이 느낄 때는 일시적으로 혼자 있는 것이라고 생각한다.

부정적인 감정을 떨치고 긍정적인 감정을 동원하는 또 다른 방법은 긍정적인 감정으로 부정적인 감정을 관리하는 것이다. 부정적인 감정은 떨쳐버리려고 노력할수록 더욱 춤을 추며 덤벼든다. 그 부정적인 감정을 불러일으키는 환경은 자신이 만든 것이 아니기 때문에 스스로도 어찌할 수 없는 경우가 많다. 이러한 상황에서 무조건 부정적인 감정을 떨쳐내려 하는 것은 무척 힘든 일이다. 이럴 때는 부정적인 감정을 이길 수 있는 더 큰 긍정적인 감정을 의식적으로 불러오는 것이 최선의 방법이다.

이제는 실행하라

01 가장 소중한 일에 힘을 집중하라

성공한 사람들의 공통점

우리는 성공을 꿈꾸지만 세상은 우리가 원하는 것처럼 그렇게 호락호락하지 않다. 성공을 위한 노력을 꺾게 만드는 폭풍이 불기도 하고, 잠재력을 발견하는 기회를 마련해주기도 한다. 하지만 폭풍에 꺾이고 말 것인지, 성공의 근거를 찾아서 새롭게 인생의 꽃을 피울지는 본인만이 선택할 수 있다.

E. M. 그레이 교수는 자신의 저서 ≪성공하는 사람의 공통점≫에서 목표를 성취하며 성공한 사람들의 성공비밀에 대해 설명하고 있다. 그에 의하면 성공한 사람들에게는 다음과 같은 공통점이 있었다고 한다.

첫째, 일 자체를 즐기고, 그 즐거운 일을 하는 데 목숨을 걸다시피 열정을 다했다. 우리는 열심히 일하는 것이 성공으로 이끄는 가장 중요한 코드라는 것을 잘 알고 있다. 그런데 그토록 열정적으로 일하기 위해서는 그 일이 자신에게 즐거운 것이어야 한다. 즐거워서 열심히 일하게 되고 열심히 일하니 성공할 수밖에 없다는 공식이 성립된다.

싫지만 해야 한다는 당위성이나 사명감만으로는 최선을 다해도 최상의 결과를 만들어낼 수 없다. 무엇보다 자신에게 맞고, 자신이 좋아하는 일을 하는 것이 중요하다. 하지만 리더십 프로그램을 진행하다 보면, 진정 자신이 좋아하는 일을 알지 못한 채 우왕좌왕하는 수강생들을 의외로 많이 만나게 된다. 입시공부에만 매달리느라 자신의 적성이나 성격에 맞는 일을 탐색하는 데 게을렀던 게 한 가지 원인이라 할 수 있다. 그러므로 목표를 성취하려면 어떤 분야든 자신이 좋아하는 일을 찾는 것이 무엇보다 급선무이다.

두 번째 공통점은 운이 따랐다는 것이다. 인간이 아무리 수고하고 노력한다고 해도 다가갈 수 없는 공간은 있다. 신의 영역이랄까? 그러나 하늘은 스스로 돕는 자를 돕는다고 하지 않았는가? 최선을 다하는 사람에게는 운이라는 불가항력이 매번 걸림돌이 되지는 않는다. 그래서 이 부분에서는 겸손해야 하는 존재임을 인정해야 한다. 스스로를 높이려면, 수고와 노력을 다했더라도 그 결과를 스스로의 공으로 돌리지 않는 성숙함을 가져야 한다. 이 성숙함이 진정 성공한 사람으로 만들어준다.

세 번째는 성공한 사람들은 하나같이 인간관계가 좋았다는 것이다. 요즘 말로 NQ^{네트워크 지수}가 높았다는 말이다. 물론 이것은 성공을 결정짓는 요인이 연줄이라는 의미는 아니다. 더불어 사는, '공존하는 능력'을 말하는 것이다. 자신을 낮추고 타인을 위하는 생활이 마침내 자신의 발전을 가져온다는 새로운 패러다임이다. 주변사람들을 통해서 황금의 성공을 얻을 수 있다는 것이다.

숲과 나무를 아우르는 시야를 확보하라

그러나 이 세 가지보다 더 중요한 것이 있다. 이 세 가지를 모두 포함하면서도 이 모두를 실행하는 중요한 방법, 그것은 바로 자신에게 소중한 것부터 하는 것이다. 좋고 나쁨이나 얼마나 벌고 못 버느냐가 중요한 것이 아니다. 중요한 것은 지금 실행하고 있는 일이 자신에게 얼마나 소중한 일이냐이다.

삶의 우선순위를 정하고 우선적인 일에 자신의 화력을 집중적으로 퍼부었을 때 원하는 시간 안에 목표를 이룰 수 있다. 그런데 많은 사람들이 급히 처리해야 하는 일이 우선이고 중요하다는 잘못된 생각을 한다. 그리고 그것을 위해 많은 시간을 허비하면서, 정작 자신에게 가장 귀중한 것들은 그 시간과 함께 흘려보내고 만다. 급한 것에만 몰두하다가 소중한 것을 잃어버리는 허점이 성공 가도를 달리고 싶은 우리 누구에게도 있을 수 있음을 기억하라.

성숙한 성공한 사람은 전체를 볼 줄 안다. 숲이라는 전체를 보고서 나무를 정리해 나아갈 줄 안다. 산에 올라갔다가 조난을 당했을 때, 대부분의 사람들은 아래로 내려가기만 하면 된다고 생각한다. 하지만 등산 전문가들은 산에서 길을 잃어버렸다면 올라가라고 충고한다. 가장 높은 곳으로 올라가 산 전체를 내려다보면서 가야 할 방향을 정한 다음에 내려가라는 것이다.

하지만 대부분의 미성숙한 사람들은 언제나 부분만을 보려 한다. 공부나 인간관계에서는 물론 재테크에 있어서도 마찬가지다. 그러나 성공한 사람들은 눈앞의 현실이 아니라, 다음을 그리고 그 다음을, 나아가 몇 차원 높은 저 멀리를 바라본다. 올라가라. 그리고 인생의 전체를 바라보라. 그러면 자신에게 가장 소중한 것이 무엇인지 보일 것이다. 그리고 중요한 그것을 성취하기 위해 모든 화력을 쏟아 부어라.

02 옳다고 생각하면 즉시 실행하라

실패하는 용기

"너의 일이 옳다고 생각하면 즉시 행하라!"

이는 내 인생 스승님의 좌우명이다. 어린 시절 들었던 이야기는 마음속 깊이 여운으로 남아 내 삶에 강력한 동기부여가 되곤 했다. 그래서 필자는 무엇을 망설이거나 차일피일 미루다가도 이 말씀을 떠올리고 곧바로 실천으로 옮기곤 한다. 그리고 또 하나 기억나는 말씀은 "실패가 없는 무난한 인생보다는 실패하더라도 도전하는 인생을 살라"는 것이다.

우리나라 사람들이 자주 입에 올리는 '빨리빨리'라는 말에는 그때그때 땜질하면서 살게 만드는 하루살이 인생의 의미가 담겨 있다. 하지만 반대로 지나치게 신중해 실천하지 못함으로써 결과적으로 게으름으로 연결된다면 이것 역시 지붕 위의 닭 쳐다보는 후회의 인생이 될 수 있다.

우리 인생은 실패해보지 않고서는 도저히 성공이라는 거인을 낚아챌 수 없다. 흔히들 성공했다고 하는 사람들을 보라. 그들 중에 실패해보지 않은 사람은 한 명도 없다. 대부분은 최소한 몇 번의 실패 후 비로소 성공으로 가는 사다리를 찾았다고 얘기한다. 심지어 실패를 밥 먹듯이 한 사람도 있다. 그렇기 때문에 실패는 아름다운 것이다. 실패는 성공으로 가는 길로 안내하는 최고의 가이드이기 때문이다.

이런데도 실패가 두려워서 생각 속에만 갇혀 있거나 완벽한 성공을 꿈꾸면서 계산만 하고 있을 것인가? 사기 치는 일이거나 거짓말하는 일, 반사회적이고 파렴치한 일이 아니라면, 지금 당장 실행하라!

재테크도, 공부도, 건강을 지키는 것도 마찬가지다. 돈을 벌고 싶으면 지금 당장 서점으로 달려가 돈 번 사람들이 쓴 책이라도 몇 권 사서 그것을 읽는 것부터 시작하라. 몸짱이 되고 싶다면 채소 중심의 식단으로 바꾸고 헬스나 수영을 시작하는 것이다. 경제적인 이유 때문에 불가능하다면 출퇴근을 걸어서 한다든가 매일 20분씩 줄넘기를 해도 된다. 자기계발을 하고 싶다면 성격검사나 적성검사를 통해 먼저 자기 자신부터 정확히 파악하고, 하고 싶은 것을 찾아 당장 실천하라.

이제는 실행하라

내일이 보다 긍정적으로 바뀌기를 희망한다면 당장 실천하는 길밖에 없다. 앞뒤 재느라 망설이지 말고 이제는 실행하라. 당장 시작한다는 것은 용기와 관련되어 있고 그 용기는 두려움을 극복할 때 불이 번지듯 일어난다.

할 수 있다는 자신감, 해보자는 용기, 그리고 실패를 두려워하지 않고 실패도 성공의 모퉁이돌이라는 믿음이 합해진다면 반드시 성공할 것이다. 엉덩이를 붙이고 앉아서 시간의 모래에 발자국을 남길 수는 없다.

번득이는 아이디어를 갖고도 많은 사람이 실패했다. 그리고 그들보다 못 배우고 경험 없는 사람들이 성공을 거머쥐었다. 왜인가? 그들은 움직였기 때문이다. 내가 생각하고 돌다리를 두드리는 동안, 그들은 아침 일찍 일어나 저녁 늦게까지 정보를 찾고 행동으로 옮기며 시간을 가치 있는 것에 투자하며 살았기 때문이다.

기다리지 말고 이끌어나가라

착하고 성실한 어떤 사람이 경제적으로 매우 어려운 처지에 놓이게 되었다. 그는 절망 속에 빠져서 무엇을 어떻게 할지 몰라서 고민에 고민을 거듭했다. 그러던 어느 날 어릴 때 교회에서 기도하던 것이 생각났다. 그는 벌떡 일어나서 하나님께 기도하기 시작했다.

"하나님, 제발 부탁이니 로또복권에 당첨되어서 이 가난을 이기고 폼 나게 살게 해주세요."

그 순간 마음이 편안해지고 하나님이 소원을 응답해주실 것이라는 희망에 부풀어 올랐다. 그런데 몇 달이 지나도 하나님에게서는 아무런 응답이 없었다. 그의 희망은 빛을 잃고 그의 믿음은 약해졌다. 급기야 하나님을 원망하기 시작했다.

"하나님, 당신이 저를 도와줄 것이라고 믿었는데 어찌하여 아무런 조치도 아니하시고 이렇게 저를 힘들게 놓아두시는 겁니까?"

그 순간 태풍이 몰아치고 광선이 비치면서 벼락 치는 소리와 함께 이런 말이 들려왔다.

"아니, 이 친구야! 도대체 복권이라도 사놓고 기다리든지 말든지 해야 될 것이 아니냐!"

우스갯소리로 들릴 수도 있는 이야기이지만, 우리를 돌아보게 만든다. 가만히 앉아서 이 세상이 나에게 협조해주기를 기다리는 일은 아무 소용이 없다. 오히려 세상은 나를 해치고 원치 않는 방향으로 몰고 갈 수 있다. 세상의 흐름에 맞추려 하지 말고 스스로 세상을 이끌고 가려고 노력하라.

03 연습에 연습을 거듭하라

성공하는 비법

20세기가 낳은 10대 첼리스트 중의 한 사람인 모리스 장 드롱이 1985년 내한했을 때 〈월간 객석〉과의 인터뷰에서 이런 말을 했다.

"내가 처음 첼로를 배울 때에는 카세트도 없었고 텔레비전도 없었습니다. 오직 악기와 악보만이 있었지요. 그래서 악보를 보면서 혼자 연습할 수밖에 없었어요. 그런데 그게 오히려 잘된 일이었습니다. 궁극에 이르면 예술은 고독한 작업이니까요."

그런 조건에서도 그는 날마다 오전이면 바흐의 무반주 첼로 모음곡 전곡을 연습했다고 한다.

또 이런 일이 있었다고 한다. 어느 날 피카소를 만난 장 드롱은 불쑥 그림 한 장을 그려달라고 부탁했다.

"제게 가장 중요한 것은 첼로입니다. 그래서 선생님께서 그려주신 첼로 그림을 하나 가지고 싶은데 가능할까요?"

"그럽시다. 내가 근사한 첼로를 하나 그려주지요."

피카소는 흔쾌히 받아들였다.

그런데 그 뒤 장 드롱은 피카소를 몇 번 더 만났지만, 피카소는 그림에 대해서는 아무런 언급도 하지 않았다. 장 드롱은 피카소가 그냥 지나가는 말로 약속을 한 것으로 생각하고 그 일을 잊기로 했다.

그리고 10년이 흐른 어느 날, 피카소는 장 드롱에게 그림 한 장을 불쑥 내밀었다. 첼로가 그려진 그림이었다. 이미 그 일을 까맣게 잊고 있던 장 드롱은 감짝 놀라서 어떻게 된 일이냐고 물었다. 피카소는 이렇게 대답했다.

"당신의 부탁을 받고 10년 동안 날마다 첼로 그리는 연습을 했지요. 이제야 내 마음에 드는 첼로를 그리게 되어 드리는 겁니다."

장 드롱 같은 20세기의 천재 첼리스트에게도, 천재 화가 피카소에게도 진정 필요했던 것은 연습에 연습, 그리고 훈련에 훈련을 반복하는 것이었다. 그것이 그들을 세계 제일의 대가로 만들었던 것이다.

세상에는 비법을 운운하는 사람도 많고, 그것을 찾는 사람도 많다. 토익 시험 만점 받는 비법, 부동산으로 돈 버는 비법, 연설의 달인이 되는 비법, 심지어는 학생들의 1등 하는 비법……. 이런 비법들을 소개하는 책들도 많다.

그러나 따지고 보면 이 세상에 비법은 존재하지 않는다. 연습과 훈련을 계속하다가 나타난 성과를 정리한 것, 그것이 바로 '비법'이라면 비법이라고 할 수 있다. 비법이라든지 기술, 방법 등의 단어는 자칫 연습과 훈련을 게을리 하게 만들어서 결국 실패를 조장할 수도 있다.

비법은 없다

우리의 인생은 자전거와 같다. 자전거는 달리기를 멈추는 순간 쓰러진다. 성공이든, 실력이든, 아침에 일찍 일어나는 습관이든, 영어 단어나 숙어를 외우는 일이든, 무엇이든 내가 목표로 하는 것을 성취하기 위해서는 멈추어서는 안 된다. 계속 쉬지 않고 달려가서 내 몸에 완전히 밸 때까지 연습과 훈련을 반복해야 한다.

장 드롱 같은 천재 첼리스트나 피카소 같은 천재 화가, 그리고 피터 린치 같은 전설적인 투자가들이 했던 것처럼 평범한 우리가 성공할 수 있는 비법은 지금 즉시 연습과 훈련을 하고 또 하는 것뿐이다.

성공하고 싶은가? 아름다운 인생을 살기를 원하는가? 그렇다면 요령과 편법, 그리고 비법을 찾아 헤매느라 시간을 낭비하지 말고, 목표를 이루기 위해 가장 단순한 방법으로, 포기하지 말고 꾸준히 노력하라.

04 흔들리지 말고 최선을 다하라

인생을 사는 데는 '어디에서 사느냐'보다는 '어떻게 사느냐'가 더 중요하다. 장소가 아니라 태도가 중요하다. 우리나라에는 스스로 맹모삼천지교를 실천한다고 믿는 사람들이 많다. 자식의 교육을 위해 학군 좋은 곳으로 이사를 하고, 잘 나가는 학원들이 몰려 있는 곳으로 옮겨 다닌다. 그러면서 이것을 맹자 어머니의 교육에 비교하기를 서슴지 않는다. 우리나라 부모의 교육열은 세계적으로도 손꼽힐 정도로 높다. 자식을 위해서라면 이민까지도 마다하지 않는다. 강남 8학군에 대한 맹신이 하늘을 찌를 듯해 강남에 있는 중·고등학교에 가기만 하면 대학 진학이 보장된다고 믿기도 한다.

그러나 한번 생각해보라. 멸치가 태평양에서 자란다고 고래가 되겠는가? 결코 그런 일은 일어나지 않는다. 동해의 멸치를 태평양에 갖다놓아도 멸치 이상이 될 수는 없다. 동해에서 살 때보다 조금 더 클지는 모르지만, 오히려 환경에 적응하지 못하거나 태평양 멸치 떼의 갖은 핍박과 왕따 등의 견제를 이기지 못해 스트레스를 받고 심한 경우 우울증에 시달리게 될 수도 있다. 그리고 결국 스트레스로 인해 비만이 되거나 비쩍 마르게 되는 등 정상적으로 성장하지 못할 가능성이 높은 것이다.

중요한 것은 환경이 아닌 DNA, 즉 유전자이다. DNA가 큰 것은 어디에서 자라든지 크게 되어 있다. 고래의 유전자를 갖고 태어났으면 고래가 되고, 멸치의 유전자를 가지고 태어났으면 멸치가 되는 것이다.

멸치의 유전자를 가지고 있는데도 고래가 될 수 있다는 환상이 이민과 8학군의 허상을 양산해낸다. 그리고 그 허상은 미국에서 유럽으로, 그리고 나중에는 필리핀과 말레이시아를 휩쓸더니 지금은 중국으로 몰려가고 있다.

그렇다면 누가 고래인가? 누가 진정 유전자가 큰 사람인가? 바로 비전을 갖고 그 비전에 따라 일관성 있는 태도로 삶을 사는 사람들이다. 이들이 바로 고래의 DNA를 가진 사람들이다.

최선이야말로 최선이다

흔히 성공한 사람들의 이면을 살펴보면 그들은 어디에 있든지 최선이라는 일관성을 가지고 살았다는 공통점이 있다. 최선이라는 삶의 태도를 견지했던 사람들인 것이다. 열정적인 삶에 최선을 다하고, 윤리적인 삶에 있어서도 최선을 다하고, 자신의 일에서도 최선을 다한 사람들이야말로 하나같이 성공이라는 코드와 입을 맞추었다. 그리고 그들에게 최선은 자신의 환경을 뛰어넘게 하는 능력이 되었다. 그들이 동해같이 작은 바다, 환경적으로 열악하다는 학군에서도 고래와 같은 큰 능력을 발휘할 수 있었던 것은 최선이라고 하는 일관된 태도를 가졌기 때문이었다.

사실 우리는 비전을 갖고 일관성 있게 최선을 다하는 사람들이 성공한다는 것을 잘 알고 있다. 〈대장금〉이나 〈동의보감〉, 〈상도〉 같은 드라마가 인기 높은 까닭도 그 때문이다. 그 드라마들의 주인공들을 떠올려보라. 그들은 자신이 가치 있게 여기는 비전을 가슴에 품고, 흔들림 없는 일관적인 태도로 최선을 다하며 살았다.

또한 그들은 눈앞에 순간의 이익이 아른거려도 굴하지 않고 외압이 들어와도 타협하지 않았다. 부정한 방법을 사용하는 거친 모리배들과의 싸움에서 밀려도 결코 자신의 살아가는 태도를 무너뜨리지 않았다. 오히려 그럴 때마다 그들에게는 더욱 최선을 다하겠다는 의지가 드러났다.

게으르게 살지 마라. 게으름은 온갖 편법을 양산해내는 공장이다. 게으름은 자주 유혹에 빠지게 하고 흔들리게 할 뿐만 아니라, 쉽고 편하게 성공하고자 하는 충동에 사로잡히게 만든다. 로또 열풍 역시 게으름에서 비롯된 것이다. 최선을 다해 살기보다 요행을 바라는 마음이 앞서, 로또에 열광하는 사람들은 대부분 "두 번 다시 하지 않으려고 했는데……" 하면서 한숨만 나오는 인생의 후렴을 반복하게 된다. 이런 사람이라면 결코 성공에 다가갈 수 없을 뿐 아니라, 오히려 거리가 멀어질 수밖에 없다.

이렇게 후회하는 인생을 살지 않으려면 자기에게 맡겨진 일에 전력을 다해야 한다. 그러다 보면 자신도 모르게 자신을 따르고 존경하는 사람들이 생기게 되고, 그것이 곧 자신의 리더십이 된다. 지금 당장 이런 리더십의 태풍 속으로 들어가라. 망설이거나 뒤도 돌아보지 말고 위풍당당하게 걸어가라.

당신은 멸치의 DNA를 가지고 있는가? 고래의 DNA를 가지고 있는가? 이제라도 늦지 않았다. 자신의 DNA를 고래의 것으로 바꾸어라.

# 05 자신을 믿어라

후회의 감정을 다스리는 방법

인생을 살다 보면 "만약 ~ 했더라면 좋았을 텐데"라고 후회하는 일이 있기 마련이다. 어느 정도 인생을 산 중년의 사람들은 물론 아직 젊은 사람들이라고 해도 예외는 아니다.

당시에는 모르고 지나간 다음에서야 그 일의 가치나 진리를 알게 되었을 때의 상실감은 정말 가슴을 미어지게 만든다. 그리고 그런 상실감이 하나둘 쌓이다 보면 절망감으로 이어져서 총체적으로 실패하는 인생이 될 수 있다.

따라서 일단은 "만약 ~했더라면 좋았을 텐데"와 같은 후회의 감정이 남지 않는 인생을 살아야 한다. 하지만 그건 쉬운 일이 아니다. 그보다 더 현실적인 방법은 이런 감정이 생길 때 그것을 다스릴 줄 아는 것이다.

후회의 감정을 다스리기 위해 필요한 것은 용기와 자신에 대한 신뢰이다.

인생은 두 번 다시 반복되지 않는다. 그렇기 때문에라도 신중하게 인생을 살되, 자신의 가치를 존중할 줄 알아야 한다. 당신이 후회의 감정에 사로잡혀 하염없이 시간을 버리고 있을 때, 경쟁자들과 세월은 기다려주는 일 없이 저 멀리 앞서 나가고 만다. 후회에 발목 잡혀 아무것도 결단하지 못하고 실행하지 못하는 일이 있어서는 안 된다.

자신의 직관과 능력을 믿어라

무명시절 실버스타 스탤론은 무일푼의 초라한 배우이자 작가로 살아가고 있었다. 어느 날 그는 권투시합을 보러 갔다가, 위대한 복서 무하마드 알리와 맞붙은 무명복서에게 깊은 감명을 받았다. 그 무명복서는 결국 졌지만 챔피언 알리를 한 차례 다운시켰다. 스탤론은 그 복서에게서 자신과 매우 흡사한 인물, 즉 이 세상을 상대로 싸우는 전사의 모습을 보았다.

그는 그 길로 달려가 시나리오를 쓰는 데 전념해 3일 만에 완성했다. 그 시나리오의 제목은 〈록키〉였다. 시나리오를 완성했지만 그에게는 영화를 만들 돈이 없었다. 수중에 가진 돈이라고는 106달러뿐이었던 것이다. 결국 그는 에이전트 회사에 그 시나리오를 건네주었다.

한 영화사에서 라이언 오닐이나 버트 레이놀즈를 주연으로 하는 조건으로 그 시나리오를 2만 달러에 사겠다고 제안했다. 스탤론은 2만 달러에 흥분했지만, 자신이 그 영화의 주연을 맡고 싶었다. 그래서 그는 돈은 주지 않아도 좋으니 자신을 주연으로 캐스팅해줄 것을 제안했다. 그러나 영화사는 일언지하에 거절했다. "할리우드에선 그런 게 통하지 않는다"는 이유였다.

스탤론은 돈이 절실히 필요했지만, 영화사의 제안을 거절했다. 그러자 영화사는 다시 그가 주연을 맡지 않는다는 조건으로 8만 달러를 제안했고, 스탤론은 이 역시 거절했다. 로버트 레드포드가 관심을 보인다면서 20만 달러를 제안했을 때에도 마찬가지였다. 그리자 영화사에서는 다시 30만 달러에 시나리오를 사겠다고 제안했다. 고민은 했지만 결국 그는 영화사 사람들에게 자신은 평생 "만약 ~했더라면"을 되뇌면서 살고 싶지 않다고 말하면서 거절했다. 그리고 영화사에서 마지막으로 33만 달러를 제시했을 때에는 자신이 주연을 맡지 않으면 차라리 그 시나리오를 영화로 만들지 않겠다고 단언했다.

마침내 영화사와 스탤론은 그를 주연으로 캐스팅하는 조건으로 2만 달러에 시나리오 작품료를 합의했다. 스탤론의 출연료는 주당 340달러로 하기로 했다. 이로써 33만 달러를 포기한 스탤론은 세금 등을 제하고 고작 6,000달러를 손에 넣을 수 있었다.

그 다음에 어떻게 되었는지는 우리 모두가 잘 알고 있다. 스탤론은 아카데미상 최우수 남우주연상 후보로 올랐고, 그가 주연한 〈록키〉는 작품상, 감독상, 편집상 등을 수상해 3관왕에 올랐다. 그리고 그후 〈록키〉는 계속 시리즈로 만들어져 10억 달러 이상의 수입을 올렸으며, 스탤론은 세계적인 배우가 되었다.

자신을 믿어라. 그리고 후회할 말이나 생각, 그리고 후회할 선택은 과감히 던져 버려라. 어떤 대가가 없더라도 자신의 소중한 직관과 능력을 믿어라.

이제 더 이상 "만약 ~했더라면 좋았을 텐데"와 같은 생각이나 얘기는 하지 마라. 그리고 순간순간 선택하고 결단을 내릴 때마다 자신을 믿고 과감히 실행하라. 해보고 실패하는 것이 해보지도 않고 실패하는 것보다 1,000배 더 낫다.

06 30%는 미래를 위해 투자하라

실험실 물컵 속의 개구리에게 가장 편안한 온도는 18도라고 한다. 물의 온도가 45도가 넘으면 더는 살지 못하고 죽고 만다. 그런데 18도에서부터 시작해서 사망선인 45도까지 서서히 온도를 높여도 개구리는 변화를 깨닫지 못한다. 조금 이상하다는 낌새를 차리지만 별 반응이 없다. 그러다 45도에 가까워지면 한두 번 변화를 시도하지만 이마저도 곧 포기하고 만다.

마침내 45도가 넘어서면, 그제야 개구리는 격렬한 반응을 보인다. 컵에서 뛰쳐나오려고 버둥거리기도 한다. 하지만 이땐 이미 몸이 말을 듣지 않는다. 절체절명의 순간, 몸이 말을 듣지 않아 뜨거워진 물에서 개구리는 그대로 죽음을 맞이하고 마는 것이다.

그렇다면 처음부터 개구리를 45도의 물속에 집어넣으면 어떻게 될까? 물속에 들어가자마자 단번에 튀어나와 탈출한다고 한다. 몇 번의 실험을 해도 결과는 마찬가지였다.

이 같은 실험결과는 우리에게 시사하는 바가 크다. 뜨거운 물속에 들어가면 바로 튀어나오지만, 서서히 뜨거워지는 물속에서는 몇 번의 기회를 놓치고 현실에 주저앉아 버리는 개구리. 그러다가 마지막 순간에는 그 상황을 벗어날 힘조차 잃어버린 채 최악의 상황을 맞이하는 것은 실험실 안의 개구리에게만 해당되는 얘기는 아니다.

오랫동안 한 가지 일만 계속했을 때, 주변에서 일어나는 변화를 알아채지 못하고 넘어가는 경우가 많다. 자신에게 일어나는 일조차 깨닫지 못하는 경우도 있다. 비록 알고 있다 하더라도 당연시 여기며 하루하루 변화를 늦추기도 한다.

우리가 늘 같은 일을 하며 같은 방식으로 하며 살아가는 동안 세상은 변한다. 따라서 우리는 늘 변화를 염두에 두고 대비해야 한다. 지금은 잘 나가니까 변화의 필요성을 느끼지 않아도 반드시 수익의 30% 정도는 미래를 위해 투자하도록 한다. 물론 그 30%는 결과에 연연하지 않고 편안한 마음으로 일에 전념할 수 있도록 수익금의 일부여야 한다.

설사 변화를 주도하지는 못한다 하더라도 평소 대비를 하는 사람에게는 실패도 성공이 될 수 있다. 설혹 결과적으로 실패했다고 하여도 '이렇게 하니까 실패했구나. 다음에는 저렇게 해야지'라는 성공에 대해 통찰력을 주기 때문에 실패가 아닌 성공이 되는 것이다.

변화하는 세상에서 유리한 고지를 점령하려면, 잘 나가고 여유 있을 때 미래를 위해 투자해야 한다. 비록 지금 하는 일이 실패하더라도 성공을 위한 방법 한 가지를 배운 것이라 여기며 다음 도전을 할 수 있는 힘을 길러야 하기 때문이다. 그러면 실패조차 여유 있게 즐길 수 있다.

지금 아무 문제가 없다고, 뭔가 이상이 있는 것 같지만 설마 무슨 일 있겠느냐고, 하긴 해야 하는데 뭘 해야 좋을지 몰라서 그냥 있는 것이라면 지금 당장 일어나라. 모르면 자신의 멘토에게 물어서라도 알아내고, 알면 더 이상 지체하지 마라. 내일이면 늦을지도 모른다.

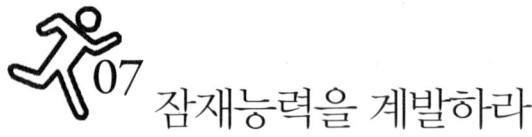

07 잠재능력을 계발하라

1986년 우리나라에서 아시안게임이 열렸을 때, 역도 부문에서 파키스탄의 아붓이라는 선수가 두 개의 금메달을 따 파키스탄의 국민적 영웅이 되었다. 그러나 본래 그는 역도와는 전혀 무관한 건설현장의 인부였다.

공사장에서 일하던 어느 날, 갑자기 거다린 H빔이 무너지는 사고가 발생했다. 지나가던 행인들이 압사할 위기에 놓인 그 순간, 아붓이 넘어지는 H빔을 잡고서 그들을 안전하게 피하게 했다. 주변사람들이 그에게 '파키스탄의 헤라클레스'라며 놀라워했지만, 정작 더 크게 놀란 사람은 아붓 자신이었다. 자신이 그렇게 힘이 세다는 것을 전혀 모르고 있었기 때문이다.

그 일이 있은 이후 주변사람들이 그에게 역기를 한번 들어보라며 권했다. 그렇게 역기를 들어올리기 시작한 그는 이내 세계신기록까지 깨고 말았다. 그리고 갑작스럽게 선수가 되었고 아시안게임에서 금메달을 두 개나 거머쥔 것이다. 어느 날 우연히 발생한 사건을 통해 그는 자신의 잠재능력을 발견했다. 그 전에는 자신도 모르고 있었다.

사람은 누구에게나 잠재력이 있다. 일찍 그것을 발견해 성공한 사람도 있지만, 아직 발견하지 못한 사람도 많다. 그렇다고 잠재력이 발견되는 우연한 기회가 찾아올 때까지 마냥 기다리고 있을 수는 없다. 찾아나서야 한다.

물론 하던 일 때려치우고 잠재능력을 찾아나서라는 얘기는 아니다. 자신이 일하는 현장에서 열정적으로 일하는 것이야말로 잠재능력을 개발하는 최선의 길이다. 대부분의 경우 일하는 현장에서 잠재력을 발견하기 때문이다.

우리는 성공을 꿈꾸지만 세상은 우리가 원하는 것처럼 그렇게 호락호락하지 않다. 성공을 위한 노력을 꺾게 만드는 폭풍이 불기도 한다. 그러나 한편으로는 잠재력을 발견하는 기회를 마련해주기도 한다. 폭풍에 꺾이고 말 것인지, 성공의 근거를 찾아서 새롭게 인생의 꽃을 피울지는 본인만이 선택할 수 있다. 또 자신의 일에 최선을 다하면서 자신 안에 잠든 잠재력을 발견하고 깨우는 사람만이 성공으로 다가갈 수 있다.

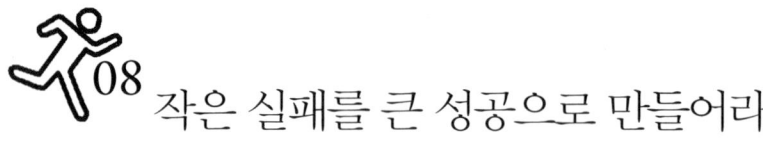

08 작은 실패를 큰 성공으로 만들어라

과거에 청계천 상가에서 선풍기 판매업을 하던 친구가 있었다. 그는 고등학생 시절 모두가 대학에 가기 위해 눈에 불을 켜고 공부하는 동안 유유자적하면서 맘껏 청춘을 즐겼다. 대학에 진학하지 않고 사업을 해서 돈을 많이 벌겠다는 계획을 가지고 있었기 때문이다.

아니나 다를까, 그는 졸업하자마자 청계천 상가의 선풍기가게에 취직했다. 가끔 그 근처에 갈 때마다 그를 찾았지만 그는 너무 바빠서 함께 차 한 잔 하기도 어려울 때가 많았다. 군대 제대 후 그 친구를 다시 찾았을 때 그는 그동안 저축해놓은 돈과 은행 융자, 그리고 부모님의 도움으로 그 가게를 인수하고 본격적으로 사업을 하고 있었다. 그렇지만 가난한 대학생이 오히려 점심을 사주어야 할 정도로 사업에 어려움을 겪고 있었다.

지금 생각하면 그가 평범하지는 않았던 것 같다. 그토록 어려운 형편이 좀처럼 피지 않는데도 그는 강태공과 같은 여유로 무엇인가를 기다리고 있는 듯했다. 그러기에 낙담하거나 포기하지 않고 항상 싱글벙글하는 얼굴로 열심히 일했고, 가난한 대학생이 쌈짓돈으로 털어 사주는 점심을 얻어먹는 것도 개의치 않았다.

그러던 어느 해, 그는 드디어 대박을 터뜨렸다. 너무나 무더웠던 그해 여름 잔뜩 물량을 확보해뒀던 선풍기가 한 대도 남지 않고 다 팔려나간 것이다. 그것도 모자라 다른 곳에서 선풍기를 구해와서까지 팔았다. 그때 번 돈으로 그는 그동안 무겁게 짊어지고 있던 모든 부채를 갚았다. 가게를 인수할 때 받았던 융자금과 그동안 밀린 외상값까지.

이 친구의 경우처럼 실패를 거듭해도 용기를 잃지 않고 끈질기게 매달리면 언젠가는 성공한다. 그때의 성공은 과거의 많은 실패들을 보상받고도 남을 만한 것이다. 실패에 맞닥뜨리더라도 의기소침해지거나 낙심하지 마라. 항상 낙관적인 태도와 긍정적 마인드로 무장해서 꾸준히 노력하는 것만큼 중요한 것은 없다.

물론 인간이 가지고 있는 다양한 욕구 때문에 꾸준히 그런 태도를 유지하는 것은 쉽지 않을 테지만, 그때마다 이끌어줄 수 있는 실물교육이 있다면 훨씬 도움이 될 것이다.

유아들은 스스로는 아무것도 할 수 없는 완전 피동의 상태에서 부모의 돌봄을 받는다. 그러나 그 상태에 만족하고 머물러 있지 않고 끊임없이 성공 지향의 몸부림을 친다. 그것도 전혀 낙심하거나 실망하는 일 없이 계속한다.

누워만 있던 유아들은 시기가 되면 뒤집기를 시도한다. 하다가 힘들다고 짜증내는 일도 없다. 그러다가 어느 날 뒤집기와 배밀이에 성공한다. 그런데 거기서 만족하지 않고 누가 알아주지 않아도 계속해서 일어서는 데 도전한다. 일어섰다 주저앉았다가를 젖 먹는 일보다 더 많이 한다.

그처럼 많은 실패를 반복하지만 포기나 좌절은 없다. 드디어 어느 날 일어서지만 그들이 거기에서 만족하는가? 이번에는 한 걸음씩 발걸음을 떼어보려고 한다. 얼마나 많이 넘어지는지 보는 사람이 안쓰러울 정도지만 이때 역시 예의 그 투혼을 발휘한다.

어린 유아의 성공을 향한 끝없는 도전. 이것을 우리의 실물교육의 교재로 선택하자. 힘들고 어려울 때, 포기하고 싶은 유혹이 들 때, 당장 해야 하는데 머뭇거리면서 마냥 지연시키고 있을 때, 실패에 대한 두려움으로 엄두를 내지 못할 때, 유아에게 다가가라. 그리고 그들의 실험정신, 도전정신, 용기, 그리고 포기하지 않는 열정을 보고 배워라. 자신 역시 그 시기를 거쳐 왔음을 항상 기억하라.

포기 없이 계속해야 연습이 되고 그 연습의 결과가 성공이라는 열매로 응답한다. 많이 넘어지는 아이가 먼저 걸을 수 있듯이, 먼저 시도하고 먼저 실패하는 사람이 먼저 성공의 역사를 이룰 수 있다.

IBM 설립자인 토머스 왓슨은 "성공의 속도를 높이고 싶다면 실패를 두 배로 늘려라"고 말했다. 이 원리가 가장 적나라하게 적용되는 곳이 스포츠의 세계다. 야구에서 홈런왕은 삼진왕이라는 타이틀도 함께 가지는 경우가 많다. 야구 역사상 이름을 남긴 베이비 루스, 행크 아론, 베리 본스 등 많은 홈런왕이 그랬다. 실수하지 않고는 아무것도 이루어낼 수 없기 때문이다. 쉽지 않기 때문에 그만큼 성취가 아름답고 소중한 것이 아니겠는가.

부정과 친구하지 않고 성실을 바탕으로 한 실패는 성공으로 가는 지름길이 된다.

09 강한 의지와 열정을 가져라

인생을 살아가는 과정에는 반드시 문제가 도사리고 있다. 어떤 문제는 조금만 관심을 가지면 간단히 해결할 수 있다. 하지만 때에 따라서는 아주 감당하기 어려운 문제가 다가올 수도 있다. 이런 크고 작은 문제를 어떻게 해결하느냐에 따라 성공과 실패가 결정된다. 그러므로 문제를 어떻게 대하고 어떻게 해결하느냐 역시 중요한 일이다.

그렇다면 문제를 해결하려고 할 때 가장 중요한 것은 무엇일까? 무엇보다 중요한 것은 문제를 해결해야겠다는 강력한 의지와 열정이다. 외국계 기업들에서는 신입사원을 뽑을 때 지원자의 신념과 열정에 특히 주목한다. 이들 기업의 인사담당자들의 말을 들어 보면 그들이 신념과 열정을 얼마나 중요하게 생각하는지 알 수 있다.

"우리 회사에서는 무엇보다 삶과 일에 대해 열정을 가진 사람을 원합니다. 열정을 가지고 일하는 사람이 회사의 목표도 달성할 것이라고 보기 때문입니다."
(○○○ 코리아 인사부 이사)

"특히 외국계 기업들이 도입하고 있는 인턴십에서는 문제해결 능력을 가장 중요시하고 있습니다." (모기업 인력개발본부 과장)

흔히 우리는 스스로 해보려는 어떤 시도도 하지 않은 채 "난 못 한다"는 패배감에 갇히는 경우가 많다. 문제해결에 대한 의지를 스스로에게도 보이지 못한다. 이유가 뭘까?

이것은 대부분 습관에 기인한다. 문제를 인식하고 그것을 스스로 해결한 경험이 거의 없으므로, 문제와 맞닥뜨렸을 때 그것을 해결하겠다는 의지를 갖지 못하고 타인에게 의지하거나 문제가 비켜가기를 기다리는 것이다.

이런 사람들은 부모나 경영자가 문제를 해결할 것이라고 기대하거나, 문제를 피할 수 있는 방법을 먼저 찾는다. 카드빚을 지고 노숙자가 된 상황에서도 빚을 갚으려고 노력하기보다는 안 갚을 수 있는 방법에 골몰한다. 인터넷 카페까지 운영하면서 그 방법에 대한 정보를 서로 교환하기까지 한다.

정부를 탓하기도 한다. 물론 정부가 책임질 부분은 분명 있다. 그러나 정부만 믿고 있다는 것 자체가 문제해결의 의지가 있다고 볼 수 없다. 자기가 주체가 아니라 정부가 주체가 되기 때문이다. 문제해결의 의지는 오직 자기 자신이 100% 책임을 지는 것에서 시작되는 것이 아니겠는가?

문제해결의 열쇠는 의지이고 열정이고 믿음이다. 해결되지 않는 문제가 있을까? 해결하지 않으려는 사람이 있을 뿐 해결되지 않는 문제는 없다. 문제라는 인식 속에 이미 그 해결방법이 포함되어 있기 때문이다. 그런데도 해결되지 않는 문제는 그를 해결하려는 열정이 부족하기 때문이다.

232

당신은 의지와 열정을 가지고 있는가? 당신이 진정으로 원하는 것은 무엇인지 생각해보라. 당신은 그 원하는 것을 위해 얼마나 참을 수 있고, 얼마나 투자할 수 있고, 얼마나 시간을 쓸 수 있고, 얼마나 자존심을 숙일 수 있는지 생각해보라.

당신은 지금 어떻게 하고 있는가? 문제를 해결하지 못해 고뇌에 싸인 채 깊은 밤을 보내고 있거나, 어둠침침한 조명 아래서 술잔을 기울이며 스스로를 한탄하고 있지는 않은가?

문제는 해결하라고 있는 것이다. 다시 한 번 강조하지만, 해결책은 문제라는 인식 속에 이미 드러나 있다. 당신이 문제해결의 주체가 되는 일만 남았을 뿐이다. 당신이 주체가 될 때 문제는 완벽하고 부작용 없이 해결된다.

어떤 문제든 해결할 수 있다는 의지를 가져라. 뜨거운 열정이 온몸을 감싸도록 하라. 그리고 실행하라. 실행의 능력을 믿으면 문제는 해결된다. 그 다음은 성공이 따라온다.

10 다른 사람과 함께 성공하라

모든 사람에게 유익한 길이 내게도 유익하다

마국 뉴욕 전화국에서 사람들이 어떤 말을 가장 많이 쓰는지 조사해 보았더니, "나"라는 말이었다고 한다. 또 5,000번의 대화 가운데 3,999번이 '나'에 대한 이야기였다고 한다. 이처럼 우리는 나만을 먼저 생각하는 이기적인 세상에 살고 있다. 많은 사람들이 자기만, 자기 가족만 잘 먹고 잘 살면 된다는 생각을 가지고 있다. 남을 못살게 해서라도 자기만 잘살면 된다는 생각을 가진 사람도 적지 않다.

그러나 이렇게 해서 잘 먹고 잘살게 된다면 정말 행복할 수 있을까? 진정한 성공을 이루었다고 할 수 있을까? 참으로 성공한 사람은 자신은 물론 다른 사람의 행복까지 다치지 않게 보호한 사람들이다. 다른 사람과 더불어 성공한 사람들이다. 다시 말해, 남을 사랑하는 길이 자기를 가장 사랑하는 길임을 아는 사람들이 마침내 성공하게 된다는 것이다.

미국의 자동차왕 헨리 포드에게 어떤 사람이 "어떻게 해서 그렇게 성공하고 돈을 많이 벌었느냐?"고 묻자 그는 이렇게 대답했다고 한다.

"가장 값싸고, 가장 편안하고, 가장 안전한 차를 고객들을 위해 만들려고 노력했기 때문입니다."

많은 돈이 아니라 고객이 사업의 최우선 목표였다는 것이다. 돈은 그 뒤를 스스로 따라왔을 뿐이다.

강철왕 카네기에게 어느 신문기자가 묻기를 "당신의 재산이 다 없어지면 어떻게 하겠습니까?"하고 물었더니 그는 이렇게 대답했다.

"다시 한 번 모든 사람들에게 유익한 길을 찾으면 됩니다."

나와 다른 사람의 성공이 다르지 않다

유명한 일본 소설 ≪빙점≫의 저자 미우라 아야코는 결혼 후 구멍가게를 운영하는 평범한 여인이었다. 특별한 상술이 있었던 것도 아니었지만, 그가게는 운 좋게도 장사가 잘 되었다. 팔 물건을 매일 트럭으로 떼와야 할 정도였다. 그렇게 장사가 잘되니 그녀에게 걱정이 생겼다. 인근에 많은 자금을 투자해서 문을 연 다른 가게들에 대한 것이었다.

이 걱정을 해소하기 위해 그녀는 자신의 가게에 있는 물건의 수를 줄이기로 하고, 실행했다. 비누를 사러온 손님에게는 "우리 가게에는 없지만 저쪽 가게로 가면 있을 겁니다" 하는 식으로 손님을 돌려보낸 것이다. 그러고 나니 매출이 줄고 자연히 시간은 남게 되었다.

여유가 생기자 이제 다른 걱정이 시작되었다. 남는 시간에 무엇을 하면 좋을까? 그녀는 글을 써보고 싶다고 생각했다. 그때부터 책방에 가서 글 쓰는 법에 관한 책들을 샀고 읽기 시작했다. 그리고 글을 썼다. 그렇게 탄생한 것이 바로 ≪빙점≫이다.

오직 자신만을 위해 가게 경영을 계속했다면 어떻게 되었을까? 평생 구멍가게 아줌마로 살았을 것이다. 물론 큰 상점의 주인이 되었을 수도 있다. 그러나 그녀는 다른 사람을 생각했고, 그 결과 구멍가게를 통해 얻는 수입보다 훨씬 더 많은, 그 전에는 상상할 수도 없었던 돈을 벌었다. 그리고 유명 소설가로 살았다.

외식문화가 발달하면서 하루에도 수많은 식당들이 생기고 있다. 메뉴도 다양해져 전에는 알지도 먹어보지도 못한 음식들이 계속해서 개발되고 있다. 대박이 나 손님들의 발길이 끊이지 않는 식당들도 많이 생겨나고 있다. 그러나 한편에서는 하루에도 수많은 식당들이 사라진다. 이유가 뭘까?

사람들의 발길이 끊이지 않는 데에는 여러 가지 이유가 있겠지만, 반찬을 아까워하지 않는 식당, 손님을 반갑게 맞이해주는 식당, 손님을 함부로 대하지 않는 친절한 식당에 사람들이 몰리는 건 당연하다. 게다가 가격까지 저렴하다면 금상첨화가 된다. 이 간단한 원리를 모르고 조금 더 남기겠다고 단무지 3조각, 각두기 4개를 주고, 더 원하는 손님들에게 인색하게 대한다면 손님 대신에 파리 떼가 들끓게 되는 것이다. 지금은 조금 손해 보는 것 같아도 손님들을 기분 좋게 하는 식당이 장기적으로 돈을 벌게 되어 있다.

성공하기 위해서는 다른 사람을 먼저 생각하고 나누며 살아가야 한다. 나누는 방법의 습득이 인류가 생존하고 번성하게 만든 요인인 것처럼, 나누고 살아가는 게 내가 성공하는 길임을 기억하라. 당신과 다른 사람의 성공이 다르지 않음을 기억하라.

Chapter 3

실행하는 사람은 뭔가 다르다

01 성공하는 습관, 실패하는 습관

　우리는 매순간 결정을 내리지만, 대부분의 경우 그 결정은 의식적이라기보다는 무의식적인 것이다. 음식을 먹을 때도 숟가락으로 음식을 떠서 입으로 가져가 씹지만 사실 손과 입은 뇌에 입력된 정보에 의해 기계적으로 움직이고 있을 뿐이다. 우리는 흔히 모든 일에서 자신이 판단하고 결정을 내린다고 생각하지만, 이처럼 음식을 먹는 단순한 행위 하나도 의식적인 결정이 아니라 지금까지 살아오는 동안 무의식에 입력된 수많은 바코드의 지배를 받는다.

　무의식에 입력된 바코드를 우리는 '습관'이라고 한다. 습관은 하루아침에 생기는 것이 아니다. 습관이 형성되기 시작한 것은 우리가 기억할 수조차 없는 아주 어릴 때이다. 그리고 그것은 전 생애에 걸쳐 형성되고, 점점 더 견고하게 굳는다. 그래서 연륜과 경험이 많을수록 습관은 강하게 인성으로 자리하게 되고, 대신 변화를 수용할 수 있는 유연성은 그만큼 줄어든다.

이처럼 일단 한번 형성된 습관은 우리가 상상하는 이상으로 강한 힘을 갖는다. 그리고 그 강한 힘 때문에 습관은 '어떤 자세로 살아갈 것인가?'라는 삶에 대한 근본적인 질문에 결정적인 답을 제공한다. 즉, 살아가면서 양질의 유익한 정보를 계속 무의식속으로 받아들여 그것이 삶 속에서 실천되도록 해야 한다. 이렇게 함으로써 좋은 습관을 갖게 되고 그 힘은 삶을 성장시키는 원동력이 된다.

습관을 바꾸는 원리는 간단하다. 습관은 '반복'을 통해 형성된다. 따라서 '반복'만이 이미 형성된 습관을 바꿀 수 있다. 일을 미루는 습관을 버리고, 스스로에게 유익한 정보를 계속 입력하고 행동으로 옮기기를 반복하라. 그것이 익숙해지면 새로운 습관으로 당신에게 자리 잡게 된다. 이후부터는 의도적인 노력 없이도 자신도 모르게 행동으로 옮길 수 있게 된다.

뭔가를 해야 한다는 강박관념에서 비롯되는 행동은 부자연스러울 수밖에 없다. 예컨대 친근한 미소와 함께 스스럼없는 악수가 의도하지 않아도 자연스럽게 나온다면, 순조로운 인간관계가 이루어지는 건 당연하다. 나아가 독서습관, 원칙에 충실함, 공감과 배려, 용기, 긍정적 태도, 우선순위 확보, 시간관념 획득, 계획적인 지출, 순리에 맞는 일처리와 같은 중요한 자질이 몸에 배어 습관으로 자리 잡는다면 삶은 저절로 성공의 방향으로 흐르게 된다.

삶을 실패로 이끄는 습관, 성공으로 이끄는 습관은 분명 따로 있다. 따라서 삶을 성공으로 이끄는 귀한 덕목들을 자신의 것으로 만드는 것은 성공적인 삶을 살기 위한 중요한 열쇠이다. 그리고 그것을 제2의 천성으로 만들기 위해서 필요한 것은 반복적인 연습뿐이다.

군대에서는 매일 구보를 한다. 전쟁시 군인이 수행해야 할 임무를 위한 가장 기초적인 훈련이기 때문이다. 군인들이 매일 이런 훈련을 하는 것 역시 바로 습관이 그만큼 중요하기 때문이다.

당신이 매일 반복하는 것은 무엇인가? 그것은 차곡차곡 쌓여서 무의식 속의 바코드가 되었다가 자신도 모르는 순간 행동으로 튀어나올 것이다.

당신은 어떤 행동을 하며, 그 결과는 어떤 모습인가? 실패하고 상처 입은 낙오자의 모습인가, 그렇지 않으면 일상 속에서 내면의 고요함과 평화로움을 지닌 행복한 성공인의 모습인가?

삶에 있어서 의미 있는 변화는 결코 획기적인 사건을 통해서 찾아오는 게 아니다. 어느 날 갑자기 누군가 나타나 성공의 열쇠를 던져주는 것도 아니다. 일상을 통해 내 의식에 형성된 습관들의 힘, 그것이 바로 성공의 열쇠이다.

이제 자신에 대해 냉정한 평가를 내려보자. 무형의 자산과 유형의 자산의 목록을 만들어보자. 그리고 그 자산이 어떻게 현재의 자신을 한 단계 발전시킬 수 있는지를 생각해보자. 자신을 성장시키기 위한 자질들이 당신의 습관으로 자리 잡고 있는가? 만약 그렇지 않다면 습관을 만드는 그때까지 당신은 반복을 멈추지 않아야 한다.

02 다른 사람과 협력하는 방법

최근에 '동호인 주택'이 늘고 있다고 한다. 동호인 주택이란, 글자 그대로 같은 취미를 가진 사람들이나 직장동료를 비롯해 지인들끼리 함께 살기 위해 지은 집을 말한다. 이렇게 집을 함께 지으면 땅은 물론이고 설계나 자재 구입 등 모든 것을 함께 나누므로 집 짓는 데 발생하는 비용을 상당 부분 절약할 뿐만 아니라, 동호인을 이웃으로 둘 수 있다. 이런 장점 때문에 동호인 주택은 도시의 연립주택이나 근교의 전원주택 등에서 유행하고 있다.

그러나 막상 집을 짓는 과정에서 사사건건 뜻이 맞지 않아 결국에는 없었던 일이 되어버리는 경우도 비일비재하다고 한다. 그렇게 되면 경제적인 손실은 제쳐두고라도 오랜 세월 맺어온 인간관계까지 망가지고 만다.

현실적으로 여러 사람이 협력하여 뜻을 하나로 모으기란 쉽지 않다. 그러나 이는 협력방법이나 하나가 됨으로써 얻을 수 있는 놀라운 결과를 제대로 인식하지 못하는 데서 오는 편견과 부작용일 뿐이다.

실제로 우리는 여러 사람이 힘을 모아 얻을 수 있는 이득이나 노하우, 성공사례들을 접할 기회가 많지 않다. 오히려 다른 사람들과 함께 일하는 것은 쉽지 않은 일이며 잘못 하다간 좋은 관계에 금이 가기 십상이라는 부정적인 얘기들을 더 많이 들어왔기 때문에, 남들과 얽히는 것을 겁낸다. 그러나 분명한 것은 여러 사람이 힘을 모으면 혼자서는 생각지 못하는 위대한 아이디어가 나온다는 사실이다. 뿐만이 아니다. 여러 사람이 힘을 모으면 한 사람 한 사람이 발휘하는 힘이 배가된다. 시너지 효과가 나타나기 때문이다.

그렇다면 갈등을 피하면서 힘을 합하는 뾰족한 방법은 없을까? 보통, 사람들이 갈등을 일으키거나 잡았던 손을 놓는 것은 서로 생각과 판단이 다르기 때문이다. 바로 그 '다름' 혹은 '차이'가 문제의 원인이 되는 것이다.

그런데 한편으로는 위대한 아이디어와 시너지 효과 역시 이 '차이'에서 비롯된다. 위대한 아이디어와 시너지 효과는 상대와 자신이 다르다는 것을 인정하고 협력하는 것만이 끌어낼 수 있는 놀라운 장점인 것이다. 서로 협력하는 과정에서 자신의 한계를 뛰어넘는 몇 배의 능력을 폭발시키는 가능성을 발견하게 되기 때문이다.

따라서 우선 상대방이 다르다는 사실을 있는 그대로 받아들이고자 노력해야 한다. 이 사실을 인정할 때 갈등을 해결하기 위한 노력을 기꺼이 할 수 있고, 그 과정에서 혼자서는 생각해낼 수 없는 대안과 해결책이 나온다.

생각해보자. 자신과 다르다는 이유로 협력으로 얻을 수 있는 보물을 포기한 적은 없는지, 아예 처음부터 힘을 합치기를 거부하거나 시도조차 해보지 않은 것은 아닌지, 하나 되는 과정 중에 겪게 되는 갈등을 해결하려는 노력은 해봤는지, 자신의 부족함과 모자람을 알면서도 혼자서 해결하는 것이 자존심이고 일종의 능력이라고 생각한 적은 없는지…….

03 마음을 열고 진심을 다하라

좋은 인간관계를 만들기 위해 가장 좋은 방법은 상대방을 있는 그대로 인정하는 것이다. 물론 상대방의 좋은 점을 칭찬하고 나쁜 면을 적절한 방법으로 코칭하는 것도 바람직하지만, 무엇보다 상대방의 본모습을 인정하고 존중하는 것이 중요하다.

에리히 프롬의 유명한 저서 ≪사랑의 기술≫은 우리에게 또 하나의 단서를 제공해준다. 그는 이 책에서 '당신이 필요해서 당신을 소중하게 여깁니다'라는 얘기는 잘못된 것이며, '당신이 소중하기 때문에 나에게 당신이 필요합니다'가 바른 고백이라고 말한다.

사람들은 흔히 사랑한다는 고백을 받은 이후에도 그 말이 상대의 태도나 행동으로 드러나기를 목말라한다. 이유가 무엇일까? 사랑을 고백하는 상대방의 눈빛을 기억해 보라. 어쩌면 우리가 바라는 것은 "사랑한다"는 백 마디 말보다 애정 어린 눈길인지 모른다. 빛나는 눈빛이 "나는 너로 인해 행복해"

라고 말하고 있다면, 그보다 더 기쁜 일은 없을 것이다. 사랑은 눈으로 태도로 행동으로 고백하는 것이다. 말은 그것을 확인시켜줄 뿐이다.

통계에 따르면 인간관계가 성공에서 차지하는 비율이 85%라고 한다. 그러나 이것은 인간관계에 영향을 미치는 수많은 변수들에 대한 고려가 전혀 없는 단순비교에서 나온 수치에 지나지 않는다. 왜냐하면 인간관계란 많은 도덕적 덕목(정직·신뢰·선한 양심 등)이나 능력(학력·기술력·상상력), 태도(긍정적 태도·부정적 태도 등 정신적 자산) 등이 고루 영향을 미쳐 만들어지는 것이기 때문이다.

그러므로 이러한 요소들을 배제한 채 관계의 기술에만 초점을 맞추다 보면 훌륭한 인간관계를 만들기란 매우 어렵다. 가령 상대방에게 잘 보이기 위해 겉모습에만 신경 쓰고 좋은 것만을 보여주려고 한다면 당장은 쉽게 호감을 살 수 있겠지만, 서로의 진심을 헤아리기가 점점 힘들어질 수밖에 없다.

인간관계에 있어서 기술이란 타인을 조정하는 기술이 아니다. 타인에게 잘 보이기 위한 방법은 더더욱 아니다. 진정으로 상대의 존재를 있는 그대로 인정하고 사랑하게 만드는 충고이다. 상대방과 함께함으로써 자신이 행복할 수 있을 때 진정한 인간관계가 시작된다. 그리고 그러한 관계가 풍부해질 때 성공 역시 찾아온다.

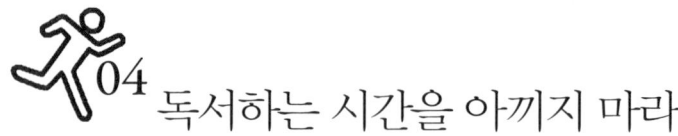

04 독서하는 시간을 아끼지 마라

책을 읽어야 한다는 것에 반대할 사람은 아무도 없다. 독서의 필요성을 부정할 사람도 없다. 성공하기를 원하는 사람이라면 책을 읽어야 하는 이유는 더욱 분명해진다. 책에는 저자가 오랜 세월에 걸쳐 쌓은 지식·사상·가치관 등이 고스란히 녹아 있다. 그토록 귀중한 정보를 우리는 비교적 저렴한 책값과 적은 시간만 투자하면 모두 얻을 수 있다.

우선 철저한 정독보다는 다독하기를 권한다. 다독을 하다 보면 속독이 가능해진다. 속독을 통해 많은 책을 읽다 보면 정독에 대한 목마름이 저절로 생긴다. 그때 정독을 해도 늦지 않다.

책 읽는 시간은 새벽이 가장 적당하다. 5시에 일어나면 출근 전까지 2시간 정도 독서를 할 수 있다. 하루에 2시간이면 일주일에 14시간, 보통 2~3권을 읽을 수 있는 시간이다. 그러면 1년, 즉 52주면 적어도 100권은 거뜬히 읽을 수 있게 된다. 책을 읽는 습관이 아직 만들어지지 않아 읽는 속도가 늦다

해도 50권 정도는 읽을 수 있다. 이 정도만 해도 상당한 독서량이다.

생각해보라. 어느 한 분야의 책을 100권 읽는다면 어떻게 되겠는가? 전문가에 뒤지지 않는 수준의 정보를 갖추게 될 것이다. 1년 동안 조금 일찍 일어나고, 한 달에 10만 원 정도를 투자하는 것만으로 인생에 어떤 변화가 올지 상상해보라. 3년 뒤에는 어떠할까? 적게 잡아 200권 정도만 읽었다 해도 얼마나 많은 지식과 정보가 얻어지겠는가?

나는 처음 독서습관을 들일 때, 첫해에는 닥치는 대로 100권, 그 다음 해에는 필요한 분야의 전공서적으로 50권, 그 다음 해에는 고전 30권과 전공서적 30권을 읽었다. 그러자 어느 순간 머리가 뻥 뚫리고 도통한 느낌이 들었다. 그 다음부터는 말하는 것에도 자신이 생기고, 어떤 분야의 사람을 만나도 대화하는 데 전혀 어려움을 느끼지 않게 되었다.

1년에 100권이라면 상당한 독서량이다. 우리나라 사람들의 연평균 독서량은 12권 정도에 불과하다고 한다. 이웃 일본만 해도 독서량이 엄청난 것으로 알고 있다. 실제 필자가 일본에 갔을 때 가장 인상 깊었던 것은, 지하철 안에서 반 이상의 사람들이 책을 읽고 있는 모습이었다. 일본인의 독서량은 다른 한편 일본의 저력을 말해준다.

책은 놀라운 영향력을 가지고 있다. 사람들이 흔히 "감명 깊게 읽은 책은 어떤 것입니까?"라고 묻는 이유는 그 책을 통해서 받았을 영향 때문이다. 독일의 히틀러는 2차 세계대전을 일으키면서 ≪나의 투쟁≫이라는 책을 썼다. 이 책의 영향으로 독일이 저지른 만행을 따져보면, ≪나의 투쟁≫에 나오는 단어 하나가 125명의 목숨을 앗아갔다는 이야기를 읽을 적이 있다. 2차 세계대전의 규모로 볼 때 충분히 가능한 얘기다.

이른바 베스트셀러가 된 책들이 가는 곳마다 독자들에게 읽히는 것을 보면 그 책을 쓴 저자들조차 깜짝 놀란다고 한다. 그것이 좋든 나쁘든 책의 영향력이다. 독자 입장에서 본다면 한 권의 책은 이야기 밑천이 될 수도, 인생을 다시 생각하는 계기가 될 수도 있다. 따라서 자신이 원하는 인생을 살아가기 위한 방법을 찾고자 할 때는 책을 읽어라. 책 속의 한 명, 혹은 여러 사람의 조언과 경험에서 방법을 보게 될 것이다. 뭔가를 간절히 바라면서도 두려워하거나 미루면서 실행하지 못할 때 독서를 하라. 책에는 자신이 원하는 인생을 살도록 촉구하는 힘이 있다.

05 자존감을 잃지 마라

취직하기가 하늘의 별따기만큼 어려워져만 가고 있다. 그러다 보니 졸업하기가 두려운 대학생들이 졸업을 미루기 위한 기상천외한 방법들을 생각해내고 있다. 과거에는 학생들이 교수들을 찾아가서 성적을 올려달라고 사정하거나 떼를 썼는데, 지금은 반대로 낙제시켜 달라고 사정하는 학생까지 있다고 한다. 졸업을 연장해서 늘어난 학사기간 동안 취업에 대비하려는 것이다.

한 아주머니는 정치인들의 명분 없는 싸움과 비리, 그리고 무능함을 꾸짖고 울먹이면서, "애써 키우고 가르친 자식들이 취직을 못 하는 것이 가장 마음 아프다"고 말했다. 또 한 청년은 취업이 안 되어 괴로운 심정을 토로하기도 했다. 자기 자신에 대한 무력감, 사회에 대한 분노, 부모님에 대한 죄송스러움, 여자친구에 대한 미안함 등의 감정이 뒤섞여서 거의 우울증에 가까운 증세를 보이고 있었다. 자꾸만 혼자 있고 싶고 평소에 잘하던 일도 손에 잡히지 않고, 심지어 죽고 싶은 마음이 들 때도 있다는 것이다. 무엇보다 자신 감을 완전히 상실한 듯 보였다. "지금 현재 가장 하고 싶은 일이 무엇이냐?" 고 묻자, 그 청년은 "얼마 전까지만 해도 일이 가장 하고 싶었는데 지금은 일도 하기 싫다"고 우울하게 대답했다.

전문가들은 이 같은 우울증을 '아무것도 할 수 없을 것 같은 무기력감' '세상에 자기만 외따로 떨어져 혼자만 남겨진 것 같은 느낌' '분노와 공격의 감정' '심한 죄책감' 등으로 정의하고, 나아가 스스로를 징벌하려는 욕구 또는 망상이 생겨 자살을 시도하거나 자해를 하는 경우도 있다고 경고한다. 복잡한 현대사회가 우리를 우울증 환자로 몰아가고 있다고 해도 과언이 아니다.

그러나 어느 경우에도 있는 사실을 부인하거나 원망해서는 안 된다. 부인한다고 달라지는 것도 없거니와 부인만으로는 원하는 것을 결코 얻을 수 없기 때문이다. 이런 경우 보통은 다음 두 가지 결과를 초래하게 마련이다.

첫째, 본인이 느끼는 괴로움을 자기 자신에게 돌려 스스로를 비난하고 공격한다. 이 경우 자기 자신을 '죽어도 마땅한 사람'으로 여기며 끊임없이 못살게 괴롭힌다.

두 번째는 타인에 대한 공격이다. '너 때문이야, 너만 아니었더라도……' 라는 식으로 상대를 몰아붙이며 공격한다. 이런 태도 역시 결국에는 자신의 인생을 파국으로 몰아간다.

그렇다면 어떻게 하는 것이 최선의 방법인가? 자기의 자존감을 회복하는 일이 최우선이다.

우리 각자는 전 세계 몇 십억 명 중에 유일한 생김새와 생각을 가진 특별하고 고유한 존재이다. 이와 더불어 우리는 '나는 무슨 일이든 할 수 있는 전능한 존재'라는 의식을 갖고 태어났다. 그러나 살아가는 동안 여러 가지 좌절을 경험하면서 점점 자존감을 잃어버린 것이다. 그러므로 이 잃어버린 자존감을 회복하는 일은 우리 인생을 성공으로 이끄는 원동력이 될 수 있다.

우리에게는 하루 24시간이라는 선물이 있고 지금까지 살아왔던 경험이 있고, 배운 지식이 있으며, 나를 도와줄 인적 네트워크가 있다. 비법이나 기술이 없다 해도 아무 상관이 없다.

나는 나됨으로 존재한다. 이 자존감은 바위도 뚫을 수 있고 태산도 뛰어넘을 수 있는 능력이다. 그러므로 우리에게 진정으로 필요한 것은 돈이나 주변 환경이 아닌, 나 자신의 가능성과 능력을 믿는 '자존감'이다. 자존감의 무시무시한 힘은 바로 '모든 것을 할 수 있는 무한자원'이라는 데 있다.

이제 전능자 의식을 가지고 뛰어나가라. 모든 문제가 물러가고 성공이 당신을 반길 것이다.